自己的人生，按自己的節奏來，沒關係。

致那些費盡心思為他人活
卻迷失自己的人

尹婷恩 著
簡郁璇 譯

前言

我原本就不把工作只當成工作看，最近尤其如此。每次要寫稿的日子，我都不覺得在工作，反而像來玩耍似的，這是遇見致昊後產生的心境變化。

每週工作兩到三天（授課），支撐寫作生活，這樣的日子已邁入第十個年頭。俗話說，十年江山移，那我又有了什麼改變？儘管依然笨手笨腳、漏洞百出，但我視為遊戲與娛樂的寫作變得更加好玩了，我也對能讓自己掙口飯吃的授課工作心存感激，還有，我多了幾個家人。

儘管對於個人色彩、文體的苦惱沒完沒了，但「只要好玩，寫就對了」的想法卻始終如一。第一本書出版時，我曾想著出個十本書左右，可以慢慢成為了不起的大人物，但等到出到十本書左右，著作數量對我已無關緊要，大概就是撰寫授課內容時會拿來數一下的程度吧？相較於量，更重要的是質。

啊，差不多出了十本書，我才明白——該死，寫作真的有夠難的。

就算當了十年的作家，寫作依然難如登天，而即便以尹鄭恩的身分活了三十六個年頭，我跟自己的關係依然像個麻煩的燙手山芋。你以為這就是全部了嗎？不久前，我在倒退停車時，撞爛了左側的後視鏡。我的駕駛資歷已經有十六年了，但是我到現在倒退停車還抓不到感覺；我習慣穿只到腳踝的襪子，所以冬季一到總是冷到雙腳，直到發現朋友都穿著長襪，我才頓悟「啊，原來冬天要穿長襪啊」。直到現在，我依然是狀況百出，對人生的想法也迷迷糊糊。

這樣的我當了媽，資歷不過三年，依舊覺得育兒好難。本來以為所謂的「母愛」，是生下小孩就會自動出現的，但是當我摟抱著彷彿隨時會碎的小寶寶時，卻先害怕了起來。生完小孩後，相較於愛孩子、就算要我付出一切也在所不惜的感覺，我更強烈感受到的，是因孩子而天翻地覆的我的人生。

有人剛生下孩子就彷彿天生來當媽媽的，把一切都準備妥當。這樣的人令我驚奇，她們究竟是怎麼在一天內就轉換模式的啊？她們相信當母親的人自然得為孩子犧牲，卻也憧憬結婚生子後能過著有社會保障的法式育兒生活，這樣的雙面思考讓我無法理解。

為了那惹人憐愛的孩子，為什麼得做這麼多事呢？……為什麼從來就沒人告訴我，養孩子的辛苦超乎常人想像呢？

我感到好混亂。

過去的我，人生目標明確，也確信世界會依我所夢想的運作。人生基本上是充滿善意的，就算摔跤痛得哇哇叫，也還有細細品味疼痛的從容。當時我認為好壞喜惡是能自行調節的情緒，也以為關係的溫度可受控——想熱就熱，想冷就冷，一切操之在我。

沒想到，我自己會在經歷結婚、生子與育兒的過程中產生「好媽媽、好太太、好媳婦」情結。為了有寶寶，我減少了工作量，為了讓身邊的人幸福；我煞費苦心，以成為電視劇中出現的「好媳婦」。久而久之，真正的我被抹去了。在他人看來，我過著穩定和諧又幸福的生活，但我內心始終知道，我已經快透不過氣。

深受「孩子出生後，母子需要建立三年依附關係」理論的羈絆，我一直到孩子滿周歲為止都不敢回職場工作，全心全意照顧著孩子，直到某一天，我突然對自己感到大失所望，因為孩子抱著我的腿希望我陪他玩，我卻因為厭倦了成天帶孩子，一直盯著手機看。

這究竟是在幹什麼？難道這樣待在致昊身邊，就是孩子和我的幸福之路嗎？

自那時起，我回顧自己的情緒，也開始整頓生活。

我重拾工作，去上想聽的課程，找回自己人生的此刻。我盡量不在陪伴致昊時看手機，我會凝視著孩子的眼睛，陪他一起歡笑，勤快地將一夕成長的寶貝一舉一動收進眼底。

我想成為好媽媽，但所謂的好媽媽是指什麼樣的媽媽呢？我不知道什麼是正確解答，不知道什麼樣的媽媽才算是好媽媽。

真的有所謂「好媽媽」的標準嗎？

倘若社會上有既定的「好媽媽」標準，那終究不過是出自某人的論文、發表資料或想法罷了。在我的家庭、我的人生中，「好媽媽」的標準不該是由我自己決定的嗎？

我先生本來就是個溫柔的人，孩子出生之前，只要提到跟致昊相關的事，他就會雙眼冒出愛心。我們說好只生一胎，所以他認為能抱孩子的時候就要多抱抱他。

在致昊適應托嬰中心的期間，我都是推著嬰兒車送他過去，先生則都用嬰兒揹帶抱著孩子去，因此孩子會很自然地不想離開爸爸的懷抱，每次分開都會哭成淚人兒，倒是和我分開時幾乎不哭（現在不管是誰送他過去，他都是笑臉盈盈了）。

我覺得喜歡爸爸的致昊實在是太可愛了，就把這件事告訴朋友。

「姊，我覺得致昊最愛的還是媽媽。」

聽到這句話，我倒是愣住了。

為什麼致昊最喜歡的人就非得是媽媽不可？

難道有誰規定孩子最愛的人必須是媽媽？

致昊最喜歡的人可能是爸爸，也可能是奶奶。只要不是會突然從孩子生活中消失的人，不論他和家中的誰建立強烈的依附關係，應該都沒差吧？

孩子是爸爸和媽媽聯手創造的作品。傳統的生活方式是由爸爸撫養家庭，媽媽負責打理家務，但在夫妻倆都必須工作賺錢、共同負擔養育和家事的現今，這種想法還是對的嗎？

難道身為主要撫養者的「拿鐵爸爸[1]」，也要把孩子最愛之人的位置讓給媽媽才行嗎？

如果整個家必須靠爸爸獨自賺錢，平時忙到見不到孩子，而由母親一手包辦照顧孩子，那麼孩子最愛的是媽媽很自然。

---

[1] 意指一手拿著咖啡，一手推著嬰兒車，在街上大步行走的瑞典男人。

致昊擁有自行選擇最愛誰的自由。

我自己從出生兩個月到五歲為止都是祖父母拉拔長大的，所以我至今最愛的人不是媽媽而是已經不在人世的爺爺。從小爺爺就給我滿滿的愛，只要想起爺爺，心頭就會暖暖的。假如致昊說自己最喜歡的人是爸爸，即使我心中會閃過些許失望，但這是致昊的選擇，所以我會尊重他。

「不過，你還是最喜歡媽媽吧？」這種強迫回答的問題，就免了吧。

儘管我無法成為每天在家中等待致昊回家、準備飯菜給他的母親，但我仍希望成為致昊的終生好友與深愛的人，分享他的煩惱、幸福與人生。我希望在致昊的心中是個「幸福」的媽媽，會在人生中竭盡全力，並將克服失敗與苦難的人生態度留給致昊。我想以身作則，讓他看到我做著令自己幸福的工作，活出自己人生的模樣。

照顧孩子，讓他免於挨餓受凍、免於病痛之苦，這些是為人父母都會做的事，我會努力不拿這些事來說嘴，這輩子頂多會把「媽媽是怎麼拉拔你長大的啊」這句話說上三次（又或者十次）左右吧？希望致昊能成為心胸寬廣的孩子，即便小氣的媽媽提了這種話，也會諒解。

格外喜歡笑的致昊，聽見音樂時會即興起舞、屁股跟著搖擺，看到那樣的他，一股難以言喻的幸福感會油然而生。致昊笑得越開心，我越想守護那笑容，不想讓它變得貧瘠。

在我認識的男生中，最常聽到我說「我愛你」的人，就是致昊。遇見我願意對他無數次告白的致昊，讓我覺得自私的自己在世上成了有那麼一點用處的人。倘若要說還有什麼願望，那就是希望他將來無論做什麼事，都能長成健康幸福之人。如果他能隨著媽媽的夢想一起成長就好了。等孩子長大了，我想讓他翹課一個月左右，一起四處旅行，讓他見識世界的樣貌。

我喜歡書寫與閱讀的人生，想過著畫畫、聽音樂、四處旅行的生活，隨著風聲啟程，走上非預定道路的人生。我想成為透過各種工作與人溝通、長久被閱讀的作家。即便到了不惑之年也依然塗著色彩鮮豔的口紅，打扮得漂漂亮亮地提筆寫作、畫畫。每當完成工作，就跟至親好友們舉杯碰撞，歡樂嬉鬧。那是我的夢想。

為了活出那樣的人生，為了以身為媽媽及女人的尹婷恩活下去，我希望自己一直是想跳舞時就扭腰擺臀，絲毫不會難為情的人，這些期待與心情我都寫在了這本書中。

contents

第一章

擺脫他人的視線

第二章

致不知道想做什麼的自己

第三章

遇見你之後，我逐漸明白的一切

第四章

不被孤單折磨

第五章

活出自由的人生

第六章

帶著自己，長久幸福生活

第一章

擺脫他人的視線

人生猶如花朵

壞事不會落單，要來就成群結伴地來。

但我不想要忍耐到口乾舌燥，才等來一件好事，不想接受「喏，人生活久了說不定會有更多好事，要不要再忍耐一下？」這種讓人氣得牙癢癢的屈服。

「真是像朵花般的人生!!」

每當忍到極限時，我就會說這句話。

意思是要像花一樣，不斷綻放盛開直到枯萎。

想要綻放得絢爛迷人，就需要等待與扎根。因此，每當碰上痛苦時刻，我就將它當成養分，想像這將幫助我不久的將來綻放為美麗花朵，藉以撐過此刻的艱難。

只要說出：「人生就像花朵。」
生活彷彿就美好起來。
今天的疲憊就會在明日枯萎，並開出全新的花朵。

像花朵般生活吧，
說出來的話將會成真，
如花如夢的人生，
也會漸漸在眼前鋪展開來。

工作，對我而言具有什麼意義？

所謂的工作，對我來說有什麼意義？

儘管我很幸運，能靠喜歡的工作維生，但有時我會分不清楚工作是我，又或者我是工作。我花費比當上班族時更多的時間在工作，然而我感受到的不是疲倦，而是對時間不夠用的扼腕。

到今年為止，我已經以寫作維生過了二十二個年頭，當了十年的作家。曾有過期待靠寫文章養活自己最後卻大失所望的時期，也有過心中想寫的文章與現實的寫作題材有落差而大感挫敗的時刻。光靠稿費，根本不足以補貼每個月的生活費，所以我也曾苦惱於到底該如何生活下去，為此傷心落淚多次。

即便如此，我依然持續寫作、參加徵文比賽並出書。我認清理想與實力的落差，寫自己能寫的文章，就算收到領域截然不同的專欄邀請，也盡本分地配合主題寫文章，碰到靠稿費難以維生的時期，就去兼差教課。

剛開始我告訴自己，先別去想要靠自己喜歡的事（寫作）賺錢，而是以我能做的事（教課）賺錢，至今教課也邁入了第十年。現在寫作和教課都是我的工作，也成了我喜愛的職業。

說話和寫作兩樣都很困難，但站在眾人面前尤其如此。我曾經在上節目時，因為舞台恐懼症發作，最後整個出演段落都被剪掉。那之後，我刻意找一個補習班講師的工作，花了兩年時間站在講台上練習說話，減少站在眾人面前時的緊張感。

儘管如此，每次上課時我仍會暗自在心中吶喊：「妳辦得到，只要享受它就好了，好好地玩一場吧！」接著才走進教室。別人看到我講課時的樣子，或許會以為我是以說話這個職業為樂的人，但實際上，我常在結束課程後，緊張感緩解下來，才感到全身痠痛不已。

如果能靠喜歡的事情賺錢，無疑是錦上添花，但大部分的人都無法撐到能賺錢就中途放棄了，甚至有不少人被現實所擊潰。

那麼，我們有可能喜歡自己正在從事的工作嗎？

歌手朴元的歌曲〈努力〉中有這麼一句：「愛是能靠努力的嗎？」雖然拿感情沒辦法，但努力確實是能讓人喜歡上工作。

在我還是上班族時，我努力喜歡自己能勝任的工作，結果真的如願以償。隨著「必須做自己喜歡的事」蔚為風潮，無法從工作職場獲得滿足的上班族，常常跑來向我傾訴煩惱，也有不少人問我，做喜歡的事情維生，是否真的感到幸福？

喜愛閱讀的書痴如我，當作家確實是合適的。儘管為了維持這種生活，必須要比當上班族時更努力上三、四倍，經濟上也可能不穩定，但我喜歡做著讓我欣然承受這些甜蜜負荷的工作。能夠從事自己喜歡的事，打造穩定的生活，是我今年的目標。

然而，不是所有人都能靠喜歡的事維生，被問到：「假如無法靠喜歡的事維生的話，該怎麼辦？」時，我會要對方先試著喜歡自己的工作，或者下班後靠喜歡的事來消除壓力。這個答案聽起來很不負責任，也有點乏味（因為看著我的眼神正發出無聲的抗議：「妳自己明明就是靠喜歡的事維生啊！）。可是，不這麼想，難道還有別的辦法嗎？

如果家裡有三個孩子要養，又是家庭經濟支柱的家長，有一天突然說想當歌手，然後在年過四十歲之際辭職不幹，轉而挑戰夢想，這種行為是有勇無謀之舉。為什麼不乾脆靠著長期下來駕輕就熟的工作賺錢、解決衣食之需、儲蓄、繳稅之餘，再去報名幫助素人成為歌手、發行專輯的訓練學院，又或者號召一樣上班的同事們組個樂團，一解當歌手的渴望。這才是實際且不會對生活造成威脅的權宜之計。

不過，我當然明白「想做喜歡的事」這種熱情是不會輕易冷卻的。我認識在國營企業上班的人，工作之餘設計衣服還開網路商店；也知道有人過著同時創業與上班的生活。有樂高狂熱者進入玩具公司，把喜歡的事變成工作；有因為熱愛遊戲，乾脆進入遊戲公司當研發人員；還有平日當藝術總監的人開了咖啡廳、原本因為興趣寫著部落格，最後成了網紅以社群行銷專家之姿活躍業界。

雖然有可能靠喜歡的事賺錢，但當興趣成了工作，也可能會討厭起原本喜歡的事。

對你來說，工作具有何種意義？

對我們來說，工作具有何種意義？

工作能成為我的代言嗎？萬一我不希望工作成為我的代言，又該為自己的餘生做什麼才好？

假如只是基於慣性，毫無意識地埋頭工作的人，此刻有必要思索這個問題。

我不久前看了一部影片，內容是說假如你運氣很差，很可能活到兩百歲。假如活到兩百歲將成現實，只顧著做今天的事，剩下的日子未免長得可怕。

這是個「即便從五十歲才開始靠喜歡的事賺錢」都不嫌遲的長壽時代。無論是喜歡自己的工作，抑或是做著喜歡的工作，一天分配到最多時間的就是「工作」，因此我建議你替自己泡杯茶、好好思考一下「工作的意義」。

因為假如你想全心投入在某件事上，此時正是破釜沉舟、下定決心的最佳時機。

並非因為我是女人
才非得這樣，
而是因為我是女人
可以這樣。

碰到節日連假，家人都回到了娘家。今年要上小學的姪女拿出小姊姊的架式陪致昊玩，那個樣子煞是可愛，我忍不住邊看邊笑。

綽號好動寶寶的致昊，即便用餐時間照樣活蹦亂跳跑來跑去。我們夫妻倆會輪流照顧致昊，所以我讓老公先吃完飯，我再吃。姪女看到老公用完餐跑去照顧著致昊，便開口問：

「因為阿姨很忙，所以姨丈來幫忙照顧致昊嗎？」

聽到這話我的腦袋瞬間停了一下。

「致昊是我們的家人呀，是阿姨跟姨丈一起生下的，所以姨丈不是在幫忙，他是和我一起照顧致昊。」

我一邊回答年紀還小的姪女，一邊想著該怎麼做才能改變孩子的這種心理認知？

想要改變外出工作的女人同時必須包辦家事與育兒的普遍現況，最先需要改變的是女人們的意識，也需要懂得運用智慧，不斷努力避免家庭與社會之間出現摩擦。

男子做家事與育兒並不是一種「老公幫忙」的概念，而是「必須共同承擔」的事。假如事前已經說好由一方擔起家計，另一方擔負家務與育兒，那就只要和平地扮演好各自的角色就行了。

至今仍有許多家庭是遵循傳統觀念，維持男主外、女主內的型態，但在姪女長大成人的近未來，女人在社會上將比現在更加活躍。目前，社會上表現出色的女性，一旦結婚生子就會在職場上遭受不當待遇，請育嬰假時得看人眼色、會為了不知道把孩子託付給誰而戰戰兢兢，最後往往黯然退出職場。這樣令人悲傷的現實，未來是否會再發生？

在我認識的人當中，有一對夫妻是由太太負責賺錢，家事和育兒則由先生包辦。這並不代表她完全沒有照顧孩子或做任何家事，不過老公在這些方面扮演的角色更重。

我希望大家不要被「丈夫」或「妻子」等用語的俗成見解所影響，希望在孩子這一代，無論是男人或女人，當婚後面對龐大的重擔時，不會只傾向一種分工。

但願我們可以不要只欣羡夫妻共同買房、養育孩子的西方文化，而是讓孩子的世代，將這樣的生活化為現實。

但願女人不再因為是女人而受到諸多限制，而是因為身為女人，所以有越來越多能做的事。

關於我們談論過的愛情

二十幾歲時，只要和朋友見面，必定會先聊起戀愛的話題。學業或工作會根據努力與否而有不同成果，但戀愛卻不是靠著努力或決心就能決定的。光是忙著和朋友們分析男友無心說出的話或小小的舉動，分享戀愛時發生的各種大小事，時間就已經不夠用。

男人不主動聯繫的理由有三：服喪、坐牢、沒把妳放在眼裡。明知如此，我們仍執迷不悟地相信他會與眾不同，替他找盡各種理由，像是他的手指斷了啦、他是太過害羞或者他是大忙人等，始終不肯承認「其實他並不喜歡我」。

我們就像《慾望城市》中的凱莉和姊妹淘，一起分享相同的情緒，一起痛罵壞男人，失戀時一起心碎，並毫無保留地祝福彼此的新戀情。

年過三十，我開始收到一張張喜帖，接著過沒多久，她們的SNS上出現了臉頰圓嘟嘟、皮膚又白又嫩的寶寶照片。

她們生了孩子。未婚的朋友們則繼續談著戀愛。有人為昔日戀情獨自神傷，有人差點步入禮堂，有人再度分手，有人走出婚姻。我們就這樣來到了三十歲後段班，準備迎接四十歲。

「這輩子已經完蛋了。如果再次投胎的話，我們都不要結婚，一輩子旅行度日吧。」

「欸，太噁了吧！我要跟男人去旅行！」

已婚的朋友說：

「說不定一個人生活也不錯，有必要為了年紀就硬逼自己結婚嗎？」

「我不怎麼想結婚，但想生孩子。我希望能趁年輕時先把卵子冷凍起來。」

未婚的朋友則是這麼說。

如今的我們談論愛情時，內容有了改變。

原本苦惱該不該分手的朋友，如今苦惱該不該離婚以及爭取監護權；三十歲邁向尾端時以為總算找到真愛而開心的朋友，如今迎來分手的結局。從二十歲走向三十歲，隨著年齡的十位數字改變，關於愛情的對話也變得沉重，變得慎重起來。我們不再像二十幾歲時那樣，把微不足道的一句話或舉動都告訴朋友，因為我們明白，就算聚在一起談論也得不到答案。

即使為壞男人痴狂，只要在深愛的那一刻感到幸福，也就夠了。我們會一來一往地，笑著說出心痛的對話。

「假如愛情在婚後冷卻，餘生該靠什麼活下去？」我們會拋出這樣的問題，眼看著愛情褪色的過程。

等到四十歲、五十歲、六十歲時，我們訴說的愛又會是什麼樣子？即使年歲增長，也仍舊想繼續談論的愛情相關話題，只是到了那時候，我們會不會就不再說出口了呢？

取而代之的，會不會是健康、退休生活與孩子們結婚的話題？

「就算八十歲談戀愛也一樣，只有年華老去，其實心態和年輕時沒兩樣。」

五十歲後段班的熟人說道。

和丈夫經歷生離死別的奶奶，和在銀髮活動中心的爺爺談起了戀愛，而她說起那人的事情時，怦然心動的模樣就跟年輕人如出一轍。我試著描繪遇上全新戀情的爺爺和奶奶猶如春日般的情感，同時不禁心想，或許年老的我們也能繼續談論愛情。

我突然好奇起來，等致昊長大後，他會分享什麼樣的愛情故事。包括我們曾說過的絢爛美好的愛，以及往後要分享的愛的對話，我喜歡能訴說「愛」這種情感，因為它讓我感覺到，即使這副身軀老去，心也沒有老。

對這個疼痛的世代來說，所謂的安慰

讀著事業正值顛峰的偶像團體成員走上絕路的報導，我不由得心痛起來。在光鮮亮麗外表後的空虛與傷痛，這時假如身邊有人能給予由衷的共鳴，或許這位偶像就不至於做出這麼極端的選擇。我因為從事寫作、也可能是性格本來就敏感，輕微的躁鬱症、憂鬱症和恐慌症等種種症狀，偶爾會找上門。我原本以為這些症狀對生活影響有限，不至於嚴重到須要去諮商或服用藥物，一直沒有放在心上，卻發現偶爾還是會無力承受。那個時候我會刻意去見更多人，在外面把能量消耗掉，同時像個工作狂般拚命工作。算是藉由工作來減輕憂鬱情緒的自我治癒法。

很多女人經歷過產前與產後憂鬱症，我也曾深受其苦。當時我罹患的病名叫「子癲前症（pre-eclampsia）」（俗稱妊娠毒血症），除了等孩子生下來，別無他法。為了拉長懷孕時間，我住進醫院，不到一週體重就增加了十公斤，在病房裡每三個小時就要量一次血壓。因為擔心造成血壓上升，所以連多說點話都不能，只能成天待在病床上。就是在那時候，憂鬱症像脫韁野馬般不受控地找上門來。記得當時心想，只要能離開硬梆梆的病床，什麼代價我都付。

就在我束手無策地躺在病床上盯著天花板的某一天，出版社的編輯打了電話過來，我說：「我考慮下次來寫個安慰人心的故事。」

低聲通完電話的幾天後，我的血壓突然飆到兩百，也輕微感受到肚子中寶寶的胎動。我接受緊急手術，把懷胎三十二週、僅有一千一百三十克的孩子生了下來。生產後我看著保溫箱中的孩子，想到必須讓孩子活下去的沉重責任感與恐懼，憂鬱症漸漸襲來。

看著嬌小脆弱卻能自己呼吸的致昊，我為孩子不必接受呼吸治療心存感謝，便竭力在孩子面前展現出堅強有活力的模樣。

離開坐月子中心回到家那天，家變得好陌生。

明明生了孩子，卻沒辦法帶孩子一起回家。我將一大堆嬰兒衣物洗好、晾好，感受到一股難以控制的憂鬱感包圍著我。我用吸乳器把母乳擠出來，為了餵致昊喝母乳，天天奔波於醫院和家兩地。如今只要想起致昊在保溫箱待了四十多天，被抱回家時只剩二點六公斤的那天，我就對他後來能健康開朗長大充滿感激，覺得他好討人喜歡。

喜悅和憂鬱的情緒輪流來去，真正治癒我的是長得胖嘟嘟的孩子和寫作。在責編有行動力的驅使下，我一出坐月子中心就簽了出版合約，透過書寫《世上的所有安慰》，我慢慢克服了產後憂鬱症。

我相信寫作的人唯有在感到幸福時才能寫出好文章。所以寫作期間，我會選擇和帶著正面能量的人見面，執筆時選擇聽美好的音樂，盡可能保持愉快心情。因為想把好心情傳遞給讀者，所以努力在寫作時創造好心情，結果自己也真的變幸福了。

雖然克服了如影隨形的產後憂鬱症，但也更體認到憂鬱症是多危險的病。

如果知道怎麼面對，那是萬幸，但是多數人往往忙著討生活，根本沒時間照顧自己的心。不，許多人根本就沒意識到自己的心何時生了病。以為迎面襲來的無力感與憂鬱本身就是原因，放著受傷的心不管，讓病況更嚴重。

我所認識的人們中，有好多人都飽受憂鬱症與恐慌症所苦。一位過去只懂得讀書的K，在成立新創企業後患了恐慌症，我聽說他很想放下一切。我想不出該怎麼安慰他才好，直到後來因為找寫作資料，發現了一篇好文章。

我讀到《中央日報》刊登的一篇〈不該對憂鬱症患者說的六句安慰話語〉（二〇一七年十二月十九日刊），文中特別指出親友不經意說出的哪些安慰，可能會對憂鬱症患者造成更大的創傷。

第一是「加油」。憂鬱症患者處於內心喪失動力的狀態，沒辦法再加油了，對他說一聲：「你一定很辛苦。」較有幫助。

第二是「你要好好克制情緒啊」。當人面對生活的專注力低落，深受失眠困擾，卻聽到別人要他好好克制自己，自尊感可能因此更低落。

第三是「想想家人」。提出建言的人或許是出於好意，但這話只會讓患者責怪自己。

除此之外，文章也奉勸大家，像是「往好的方面想」、「這取決於你怎麼想」、「我懂你的心情」等說法，可能都小看了自己並不瞭解的憂鬱症。說出這些話時需要小心。此外，耐心傾聽罹患憂鬱症的人說話比什麼都重要，因此提建言的人不該只顧著說自己想說的話。

美國約翰霍普金斯大學精神醫學暨神經學系的教授亞當・凱普林（Adam Caplen）博士曾說，憂鬱症的原因與症狀各不相同，與其對患者說些笨拙的安慰話語，不如靜靜傾聽他們的故事。

這篇報導我讀了心有戚戚焉。最近我就有相似遭遇，當時我向他人吐露一件深感力不從心、對方沒經歷過的事，對方卻說了一句：「別人也都是這樣生活的。」聽到那句話的一瞬間，我就同時關上了嘴巴和心房。

雖然別人也這樣生活，但畢竟我是這輩子第一次碰到，當然會感到茫然、吃力，不知該如何是好。在這種情況下，別人要我別大驚小怪的建言，成了一種有劇毒的語言。

倒不如乾脆對我說：「這樣啊，妳一定很痛苦吧？」然後一言不發地給我一個擁抱、投以感同身受的溫暖眼神，那我肯定會百倍感激。

假如你身邊有人罹患了憂鬱症或恐慌症，先不要貿然地安慰對方，帶著鼓勵的意味拍拍對方的肩膀、給予對方共鳴吧。雖然對現代人來說，心病如同感冒，但對於生病的人而言，即便只是輕輕劃過的傷害，都會造成極大的疼痛感。

明天見到K，我該做的不是說些生疏的安慰話，而是請他吃頓溫暖的飯，傾聽他。有時候比起建言，一句溫暖的話更能拯救一個人。

我試著練習能帶給他力量的回應。

生疏笨拙的處世能力，何時才會變得游刃有餘？

我身上難道散發什麼當冤大頭的能量嗎？

我的外表給人的印象算是滿冷的，但只要交出了心，就會毫不保留地付出。不知道別人是否把這視為我當冤大頭的潛力，打從我還是社會新鮮人開始，就遭到了各種利用。

就拿些荒謬的事件來舉例好了，比方說關係很親近的姊姊們找我去參加美術館活動，但我到了現場，她們卻不由分說地就要求我幫忙拍照。本以為那是活動的一部分，所以就幫她們拍了，但後來我在翻閱下個月的雜誌時，卻發現知名護墊品牌的平面廣告上使用了我那天拍的照片。

當年我還是不敢當面抗議、質問她們這是在幹什麼的二十幾歲青澀菜鳥，不知不覺地，已成了在社會上打滾十六年的老鳥。

如今我成了有別於之前的冤大頭。如果有人在工作上需要我，要求我貢獻才能或勞動，就算沒有支付任何報酬，我也會毫不計較地在必要的領域上提供部分協助，讓對方在下次我有需要時，也會基於愧疚感而幫助我。今日的我，會熟練地避開帶著目的接近我的非善類，就算受了傷也不往心裡去，而是將它們輕輕抖落。我應該以自己為傲才對，但我卻覺得自己身上好像沾上了汙漬，心中充滿苦澀。

有時，我會懷念起就算遭到某人利用，也不會去提防誰，或者對人類失去單純善意的時期。是說現在也該習慣了，可是看到自己在社會上如魚得水的模樣，有時仍會感到彆扭不自在。雖然很懷念當年沒有察覺「啊」的話語中還摻雜了「哦」與「噢」的意思的自己，但我自嘲這就是在適應社會生活，將苦澀的心情嚥了下去。

也有無論過了多久，仍不見長進的處世能力。

過去就算專欄稿費沒有按時入帳，也不敢打電話詢問，暗自傷透腦筋的我，直到現在碰到相同的情況，也依然會為了是否要寄電子郵件而遲疑不決。好不容易寄出郵件，如果收到負責人說明情況與告知入帳日期的回覆，我就會難為情地心想，早知道就再多等一下。

如今已如魚得水的處世能力，以及尚未爐火純青的處世能力。

我成了同時兼具兩種處世能力的職場人士。

這生疏笨拙的處世能力，何時才會變得游刃有餘？

擺脫他人視線的勇氣

父母有個根深蒂固的觀念，認為「結婚不是選擇，而是必須」。曾經為了三個女兒都很晚婚而擔憂的父母，碰到所有事情都走同一個模式——起、承、轉、結婚。

我曾經因為很想動隆鼻整形手術，於是跟整形外科約好了日期，結果回到家之後，爸爸卻說：「在我家，如果要動隆鼻手術，就先把戶籍遷出去，結完婚再去做。」無處可去的我只得取消預約（現在回想起來，幸好當時沒動手術）。

聽到我想搬出去住時，爸爸也回我：「等妳結婚之後再搬出去。」

打從二十歲開始，從父母口中最常聽到的字眼就是「結婚」。經過父母不斷洗腦，說得就好像女人如果沒有及早結婚，天就會垮下來似的，所以「結婚不是選項，而是理所當然要完成的大事」的認知也深植在我腦海。

如今回想起來，還會不免後悔：「為什麼我以前沒有勇氣去找月租房子，在外頭過獨立自主的生活？」我一直都和家人住，也沒有獨自到國外留學的經驗，直到婚後又再度和家人住在一起。

我喜歡和固定的成員在一起，以及隸屬於世界的安心感，但我總會感到遺憾，假如我嘗試一個人生活，像是一個人去找房子、擔心每個月的房租會不會繳不出來、繳交水電費、感受孤單、準備自己要吃的食材等，寫作靈感應該會比現在更豐富吧？一輩子都要跟家人住了，我卻沒有勇氣在婚前獨自生活，擁有了解自己的時間。

到頭來，父母畢竟也是他人，我卻至今無法從父母的見解和視線獲得解放。

我們真能從他人的視線中解放嗎？

要付出怎樣的努力，才能擺脫他人的視線和見解，活出自己？

在我認識的人之中，有人在三十七歲決定不婚，但因為在意他人的視線，所以買了戒指。她受夠了別人問她有沒有男朋友、為什麼不結婚、是不是有什麼問題、乾脆結婚後再離婚不是比較好，於是自行將戒指套在第四根手指上，穿上婚紗，拍了婚紗照。我為她說「我和自己結婚了」的選擇給予支持。

但在選擇那樣的人生之前，只要比較早結婚的姊姊和弟弟帶著兒女來參加家庭聚會時，她就會莫名地感到愧疚。對於自己沒盡到責任的罪惡感，以及「這可是我的人生，難道不能按我的意思過活嗎？」的情緒混雜在一起。

和朋友們見面時，總會聽到大家把結婚說得像是幸福的完成式似的，可是卻又吐露育兒、與老公和婆家的關係有多辛苦。這樣的邏輯讓她無法理解。接著等到要回家時，她看著朋友們安心的表情忍不住心想，並不是所有人都非得要有相同的經驗才行。她開始想從他人的視線獲得解放，於是練習讓朋友們說的話從左耳進、右耳出。碰到節日時，她就到國外旅行，當其他人忙著照顧小孩，她就把時間拿來塑身、在工作上取得成績與談戀愛。

雖然有時會感到寂寞，但這是她的選擇，所以怨不得誰。有誰能說，在既定的時間點上大學，畢業後找份穩定的工作，婚後生兩個小孩，然後慢慢老去的人生才是正解呢？

從他人的視線，特別是父母與家人的想法中解放吧。

如果想走與他人稍微不同的路，就需要練習不因微不足道的話而受傷。

雖然孩子真的在我的人生中佔了非常重要的地位，但我不想只看著孩子、不想把孩子當成全部，不希望自己因為別人亂下指導棋，要求我走與他人相同的路而受傷，因此練習著將那些話當成耳邊風。

難道我們必須像那些逐漸和周圍環境變得相似，以避免受到攻擊的動物一樣，在遇見想法不同的他人時，也要假裝自己和他們的想法相同，跟著一搭一唱，穿上「想法的保護色」嗎？

人生哪，怎麼一件容易的事都沒有啊？

只不過，我忍不住想，只要嘗試擺脫他人的視線，也許就能活得更像自己。

今天
是我人生中
最年輕的日子

朋友在猶豫該不該買短裙。我對著有雙漂亮長腿的朋友問：「有什麼好煩惱的？」結果朋友如此回答：

「都這把年紀了，還穿得像二十歲的女生一樣，不覺得很傷眼睛嗎？」

「一點都不會。今天是我們生中最年輕的一天。就算是六十歲穿迷你裙好了，只要妳想穿，穿就對了。一樣很美～」

相較於二十歲穿的迷你裙，雖然少了青澀感，但不也有所謂的成熟美與性感美嗎？當人生有所追求時，無論什麼時候，「年紀」都不會成為絆腳石。

事實上，我並不想回到年輕的時候。

十年前的我當然要比現在年輕貌美、肌膚緊實，但那時的我很不成熟，也始終惴惴不安。光是看當時的照片，都能感受到那敏感不安的眼神。

二十代的我想知道的事情太多了。即便談著戀愛，我依然會去認識在其他領域工作的男人，對於了解他的世界感到興致盎然。我很享受聆聽有別於我的想法、不同的知識、不同的語言及不同領域的故事。

我喜歡的是透過認識一個人拓展視野的經驗呢？

又或者是愛了一回？

有時，可能兩者都是，有時，是基於其中一個原因吧。

隨著年紀增長，我開始理解昔日的戀人。
當時我無法理解人生所承載的重量，
於是說著愛情冷卻了，並宣告分手，
現在我一年又一年走過他們的年紀，
如今才明白，那低沉嘆息所代表的意義。

走過之後，於是懂了；
唯有走過，這才懂了。

是這樣的。
我喜歡逐漸明白那些道理的今日的我。
比起昨日，今日也可能更年輕。
只要我們下定決心，只要我們咧嘴微笑、昂首闊步。

碰到為了要做與否而猶豫不決時，
不如就義無反顧地站在「要做」那邊吧。
記得，今天正是能開始做那件事的最年輕的一天。

現在這樣也很好

當了媽媽，見識到孩子無窮無盡的玩具世界之後，我受到了驚嚇，看到價格之後，我更是驚嚇。

品質看起來這麼粗劣的塑膠玩意，竟然要十萬韓元！

雖然我告訴自己，絕對不要被玩具製造商的商業手法給騙了，但看到孩子到兒童咖啡廳或朋友家中拿著玩具玩得很開心的模樣，我卻恨不得馬上買給孩子。

只要致昊幸福，媽媽我也就幸福，但家庭經濟卻幸福不了，所以我靠著買二手玩具、接收朋友家的玩具，來減少花在玩具上的費用。

「婷恩，過來拿玩具吧。」

接到令人欣喜的電話之後，我心情愉快地去了朋友家，結果卻垂頭喪氣地走出來。

朋友位於漢南洞的新家住宅也太讚了吧，在那華麗的電梯鏡面中的我看起來是如此窮酸落魄。我趕緊塗上唇蜜，使勁握住拿來送朋友的麵包袋，走出了電梯。

我們來到鋪有人字紋地板的寬敞客廳，坐在復古茶几前，手中端著注入洋甘菊茶的茶杯，眺望著外頭美不勝收的風景。我好討厭雖然表面端著笑容，內心卻忍不住比較我們家與朋友家房價的自己。樓中樓的構造，加上七個房間，甚至洗手間就有三間，全都裝潢得美輪美奐。

我也很討厭自己的幼稚卑劣。聽到朋友發牢騷，說很受不了照顧孩子的阿姨，還有被老公傷透了心，我卻鬆了口氣，心想：「原來住在這麼棒的房子也會有煩惱啊。」

收下玩具，來到停車場時，我呆呆地望著一位推著高檔嬰兒推車的媽媽，忍不住把我和致昊代入這個情境——致昊在這個社區內搖搖晃晃地跨出步伐，而我手裡握著咖啡，優雅地望著孩子。

我露出莞爾一笑。我可沒被擊垮呢。

人家都說：「羨慕就輸了。」但羨慕就只是羨慕啊，不然還能怎樣？盡情嫉妒了一番，我回到了比朋友家小卻很溫馨的家，喊著：「果然還是我們家最好！」然後以大字形躺在客廳的地板上。我很喜歡這個給我熟悉感，不必為了找孩子而跑得很遠，有陽光照耀，外頭又能看到樹木的家。我有許多必須認真賺錢的理由，也有往後要打造的未來，所以沒有關係。嫉妒就到這裡，我試著練習滿足於擁有的一切。

仔細想想，往後的人生，
還有好多需要練習的啊。

第二章

致不知道想做什麼的自己

清理亂七八糟的房間之前

假如說生小孩之前，婚姻生活就像是玩「同居遊戲」，那生小孩之後，婚姻就是根據用途分配各自的時間與人力，必須有效分擔工作、家事和育兒的「現實」。啊……真讓人喘不過氣。

在致昊滿周歲之前，因為我的職業相較之下比老公彈性，所以把許多時間分配在育兒上頭。我一邊安撫哇哇大哭的孩子、綁上嬰兒揹帶，一邊則在構思要怎麼寫稿。趁著孩子在睡覺的時候，把靈感記錄在手機或筆電裡面，隔天再趁短暫的空暇寫稿。以前只要碰到寫不出稿子或需要修稿，我就會毫不猶豫地跑去旅行，但有了孩子之後，旅行根本是痴心妄想，我只能想盡辦法把稿子生出來。

那是個與平時無異的尋常日子。致昊尖聲大叫著不吃飯，而我已經嘗試拿各種玩具和蔬菜來引誘孩子，最後我生氣地朝著閉緊嘴巴的孩子大吼：

「不吃就別吃！你如果要哭的話，就別吃！！」

餐桌和地板已經被孩子亂丟的副食品弄得髒兮兮，吼完不到一秒，我看著孩子感到愧疚，同時對缺乏耐性的自己感到很失望，於是哭著打開碗櫥。說時遲那時快，放在裡頭的無酒精香檳玻璃罐頓時掉到地上，摔得粉碎。玻璃碎片就像我那被撕裂的心一樣，噴濺得到處都是。

我好希望這時有個人能給哭泣的我一個擁抱、替我清理玻璃碎片。我朝著嚎啕大哭的孩子跑去，右邊的腳底板卻傳來一股刺痛感。那一刻我覺得快被搞瘋了，雪上加霜的是我的腳底板流血了。

我先把正在哭的致昊抱到房間去，避開災難現場，沿途則留下了鮮明的血跡。我得把玻璃清乾淨……碎片應該沒有噴到致昊身上吧？話說回來，飯才吃了幾口，他會不會肚子餓？各種想法頓時全部湧上，最後我直接繳械投降了。既然孩子沒有受傷，那就行了。我安撫受到驚嚇的孩子，哄他睡覺，接著來到客廳，呆呆地望著亂七八糟的廚房，心想著：「這一片狼藉的廚房，就像我此刻的心情。」

熱淚沿著臉頰流了下來，我把一切全拋到腦後，走進浴室，把衣服一口氣脫掉後，拿起了蓮蓬頭。我把水勢開得很強，就算哭得再傷心也不會吵醒孩子，然後在浴室裡頭哭了好一陣子才出來。我邊擦乳液邊看著鏡子，看見自己的雙眼哭得又紅又腫。把分不清是淚水還是水柱的份量都流光之後，內心終於暢快許多。哈，我總算活過來了。原來我需要的是大哭一場，是把內心的苦全都倒出來的一瓢淚水啊。

我開始擦拭已經乾掉的香檳汙漬，擦到半途索性不擦了，直接拿出耳機，播放起音樂並躺了下來。雖然破掉的玻璃瓶沒辦法恢復原狀，但我多慶幸還能用這種方式安慰我那受傷的心。我避開玻璃碎片，走到冰箱前拿出啤酒罐，一打開拉環，氣體也跟著衝了出來。所有的疲憊隨著啤酒咕嚕咕嚕吞下，流進了肚子裡。

喝了幾口啤酒之後，我傳了訊息給老公。

「我在拿致昊的碗時，玻璃瓶從碗櫥掉下來了，現在廚房一團亂。你回來之後再幫我處理一下。」

一天是如此珍貴，不該把凌亂不堪的心帶到明天。因此，就在今天好好安撫破碎的心吧。

窗外的夜色正濃，我打開筆電，查詢飛往濟州的機票，預約了一個月後三天兩夜的個人行程。我打直雙臂做了伸展動作，接著以X字形環抱住自己。雙臂碰到了肩胛骨。我輕輕地拍撫肩胛骨，對自己說：

「今天也辛苦妳了，不要緊的，明天會是更美好的一天。」

試著為自己欣喜若狂

「有個開心的消息，跟雙倍開心的消息，你想先聽哪一個？」

「開心的消息。」

「我找到了一起冥想的夥伴，還有雙倍開心的消息是……」

「哇，真的嗎？院長，我現在開心得掉下眼淚了。我太激動了，等一下再打電話給您。」

開心落淚的女人掛斷電話後，激動難抑地發出了無聲的歡呼。優雅又美麗的她，究竟是為了什麼而開心得流下淚來呢？

「雅珍在這次競賽中拿到了滿分！」

令她內心澎湃不已的，是女兒在考試中拿到了最高的分數。這是以豪門真實故事改編並引發話題的電視劇《有品味的她》的一幕。聽著豪門二媳婦禹雅珍（金喜善飾演）的台詞，我一方面深有共鳴，另一方面又感到非常哀傷。為了進入英才中學，雅珍讓就讀小學的女兒去上知名數學補習班，而接到女兒在數學競賽中獲得滿分的電話後，她竟然激動到流下了淚水！她為了自己的成就而開心到落淚的瞬間，又會是什麼時候？

為了家人而奉獻自己的人生，這不是只發生在豪門媳婦禹雅珍身上的故事。許多媽媽都把為了子女、老公、婆家和娘家犧牲的人生視為天經地義。韓國社會普遍認為追求自己快樂的人是自私的，還有為他人（家人終究也是他人）而活才是對的，所以當了媽媽之後，個人需求多半得等到子女長大才被滿足，不然就是輕率地就放棄了。假如家庭的幸福能為自己帶來一百分的幸福，那當然不成問題，但只要犧牲與放棄稍微帶來一點不幸的情緒，累積久了，就會造成問題。一旦受到「我是為了誰才活成這樣？」的想法束縛，委屈與抑鬱會開始支配心智。事實上，為了別人而活的人不只有媽媽，也有雖然不想念書，卻為了讓爸爸、媽媽開心而用功讀書的子女，或者為了養活家人而必須埋頭工作的爸爸。

讓我們花幾分鐘誠實面對自己吧。

把「我的喜悅」全部壓下，為了心愛的人犧牲的人生，真的讓你感到幸福嗎？想想看，上一次不是為了家人，而是為了自己的事欣喜若狂是什麼時候？跳高空彈跳的時候？跳傘成功的時候？之前看中的漂亮物品在打折時？通過自己設為目標的考試時？考到駕照時心情怎麼樣？會不會就連駕照都是為了送孩子上下學才去考的？

我在回想「今年最讓我開心的記憶」時，是下定決心去報名文化中心的課程，去上我之前就很想學習的書藝。

無論是憂鬱或幸福的情緒都會傳染給他人。許多教養書籍都這麼說，而我們對此也心知肚明。在父母經常發脾氣或吵架的家庭中成長的孩子抗壓性低，也會很易怒。相反的，在和平的家庭中成長的孩子，臉上的表情就很溫和平靜。到頭來，最重要的是，唯有我感到高興、幸福，家人也才會高興、幸福。

假如現在無法掙脫憂鬱的情緒，就試著去找讓自己開心落淚的某件事吧。就算一星期花一小時，或者從睡眠時間分一些時間出來也好。就算無法帶來金錢、不具任何生產力又怎樣？只要能讓自己心跳加速、感覺到自己活著，那就足夠了。

唯有自己幸福，才能用幸福的眼光看待世界。

我，真的愛自己嗎？

那是個再平常不過的日子。

讓孩子簡單吃過早餐，替他穿上衣服，送他到托嬰中心之後，我便趕緊回家，把衣服丟進洗衣機。使用吸塵器打掃家裡，隨便打發一餐之後，我洗了碗也沖了澡，直到做好出門準備時，衣服也洗好了。晾好衣物後，我揹著筆電的背包到咖啡廳，繼續完成截稿日在即的稿子，準備上課內容，同時吃了三明治。看了一下時間，已經是下午三點了。簡單地買了菜，再去帶小孩回家，接著照顧在遊戲區跑跑跳跳的孩子，直到餵完孩子吃了晚餐，我坐在沙發上望著客廳的窗外，發現落葉正在凋零。

這個月的管理費轉帳了嗎？瓦斯費是什麼時候交的？……

我停下確認銀行轉帳明細的思考，目不轉睛地凝視落葉，緩緩地喝了杯水。

老公去替孩子洗澡了，我在洗碗盤時，驀然回頭看了一下窗戶，窗外一片漆黑，我萌生一種滲入骨髓的孤單心情。客廳的電燈明亮，吃飽飯後的孩子大概心情很好，所以嘰嘰喳喳地說個不停，廣播中也流瀉出溫暖的音樂，但我為什麼感到如此孤單呢？

在虛脫感的驅使下，我脫下橡膠手套，隨手從書櫃上抓了一本書來翻閱，感覺到內心越來越悶。

在我們內心的某個角落，始終都有難以名狀的孤單與疏離感迴盪著。即便是再要好的朋友或家人，都無法替我們解決。心理分析師海倫．多伊奇（Helene Deutsch）曾說，所謂的孤單，來自於無法在他人心目中成為最重要的人。（摘自《我真的愛你嗎？》，金惠男著）

是的，即便身處名為家人的共同體，依然會有無法解釋的空虛感和孤單沒來由地襲來。即便是家人，也無法替我解決孤單。你有過被眾人包圍時，反而要比獨處時更孤單的時候嗎？還是只有我這樣嗎？

事實上，這天襲來的孤單情緒，並不是因為我無法成為他人心目中最重要的人，而是無法成為自己心目中最重要的人所致。是把某樣東西消耗殆盡時所產生的虛脫感，一併引發了孤單的情緒；是平靜無波安祥的日常帶來的安心感，導致被遺忘多時的情緒探出了頭。

我真的愛我自己嗎？

假如我真的愛自己，我應該為自己做些什麼？

我一邊思考著，同時在剛洗完澡的孩子白嫩的臉頰上親了一下。

為了親愛的自己，明天我要去喜歡的咖啡廳，
點一杯美味的咖啡，送給自己。

不完美也沒關係

把育兒和家事都交給老公，那會變成什麼樣子？如果每天不打掃家裡，也不洗衣服，三餐都隨便靠外食打發，那會變成什麼樣子？假如把至今準備周到的家族活動都一律省略呢？又或者如果把新專案交給剛進公司沒多久的新人，又會發生什麼樣的事？

說真的，那會變成什麼樣子？

家裡會因此變得跟豬窩一樣亂，全家人都過得很痛苦，專案也會被搞砸嗎？我會被其他人指指點點，說我是壞媳婦、壞女兒嗎？

不過，實際的情況是怎麼樣呢？就算事情不盡人意，天也不會因此塌下來。被說是壞媳婦又怎樣？被說成壞女兒又怎麼樣？為了當個好媳婦、好女兒，都快把我給累死了，我就稍微放鬆一點不行嗎？

只要擺脫必須完美不可的束縛，放下想被所有人認可的心態，身心就會輕鬆許多。你可能會忍不住翻白眼，說這件事做起來哪有那麼容易，但親身體驗之後，我發現也沒什麼難的。

那是孩子還在吃副食品的時期。因為他出生時就比較嬌小，就算發育不比其他孩子緩慢，我也認為應該讓孩子多吃點才行。為了讓不肯吃副產品的致昊打開閉得緊緊的小嘴巴，我動用了各種玩具，也說故事給孩子聽，各種不計形象的花招都使出來，才讓致昊乖乖吃下飯。我一邊清理被孩子隨手扔的東西弄得亂七八糟的地板，一邊還想著要讓孩子吃什麼點心才好。

有一次在婆家，我好不容易讓孩子吃下副食品，婆婆在我後頭說：「哇，媽媽餵的，孩子就吃。妳瞧瞧，其他人都餵不了。要是我兒子餵他，他也不會吃。」

我的後腦勺頓時一陣抽痛。孩子並不是因為媽媽餵食才吃飯，而是因為餵久了，就會知道孩子張嘴的時間點，所以餵他吃飯才會這麼順利。

幾週後，我叫老公餵孩子吃飯，而我正在忙其他家事，結果聽到老公說了幾次「啊～啊」，才勉強餵孩子吃了兩口。老公說：「他不吃耶。大概是因為我餵的，所以他才不吃。就別餵了吧。」

天啊，我的後腦勺又痛了。這該死的後腦勺每次都在抽痛。不過，仔細觀察每次發作的情況，就會發現有不少是自找的。能怪誰呢？為了讓孩子長胖，就算再辛苦，我也獨自想辦法餵孩子吃飯，導致老公認為這不是自己的責任，也就不會想要找到方法讓孩子好好吃飯。每次都是我餵孩子，習慣成了自然，所以才剝奪了老公替心愛的寶貝餵食的機會，不是嗎？

所以，我決定拋下孩子得要把必要的份量吃完的執念，碰到孩子吃飯的時間，甚至會乾脆跑去外面工作，好讓老公有餵孩子吃飯的機會。不，更準確地來說，是我希望老公能藉由餵食與陪伴，和孩子有情感交流。大部分的日常生活不就是反覆學習的結果嗎？我們每天早上起床之後，到洗手間刷牙，吃個簡單的早餐再開始工作等行為模式，也是從小就反覆學習，所以才形成習慣。

一方面也是剛好工作全都擠在一起，所以大約有一個月的時間，我每天都讓老公接受餵孩子吃飯的訓練，結果父子之間竟也逐漸找到了默契。說真的，老公現在餵得比我還要好。

必須親力親為，還有與其交給別人，不如親自動手才甘願的想法，現在就稍微收起來吧。試著在看待世界時睜一隻眼、閉一隻眼吧，要把一件事做到五十分也不容易的。

只要擺脫非完美不可的束縛，你將會親眼見證世界依舊正常運轉的驚人光景。就算家裡有些髒亂，但身心會輕鬆自在許多，就算有誰當面數落，也只要讓它左耳進、右耳出就行了。

放下非完美不可的束縛，
讓自己，過得自在一些吧。
不完美，也沒關係。

即使我不完美，世界也依舊如常運轉。

在普通的日子，買份小禮物

「哎呀，NIKE的羽絨外套三萬八千元耶，好便宜。致昊過一兩年就能穿了，要不要先買起來？」

「妳還不如把這筆錢拿來買化妝品。致昊的衣服很多了，妳最近都只買致昊的東西。」

看到百貨公司有樣式好看、價格又便宜的羽絨外套，我忍不住興奮地拿了好幾件，結果老公出言勸阻我。真奇妙，不管孩子的衣服買得再多，內心卻好像老是覺得不夠。

放下孩子的衣服，在回家的路上，我仍有些惋惜地心想：「只要把袖子折一下，明年應該就能穿了……」隔天，我又一個人跑到百貨公司，對著羽絨外套東摸西摸，後來想起老公說的話，於是去了化妝品專櫃。

我突然發現，原本每季都會按品牌購買口紅新品的我，最近卻連挑選一支口紅的空閒都沒有。

我開始放慢腳步逛起賣場，把每樣新品都拿起來試擦，心情也跟著好了起來。

畢竟也不是什麼特別的日子，百貨公司的口紅還是有點貴吧？

我逛著百貨公司正門口的美妝店，後來入手了買一送一的口紅。一個是帶有紅色的橙色系，另一個是惹人憐愛的粉色系。看著新買的口紅，明明也不是什麼大事，內心卻有滿滿的幸福感。

明天擦上濃濃的口紅，我該上哪兒去好呢？嚕啦啦啦～

獨影與獨飯的美學

生完小孩之後，最讓我覺得奢侈的，就是「跟老公兩人一起去看電影」。以前只要有上映的電影，我們都會去看，但生小孩之後卻很難抽出時間和老公去看電影。

雖然找人照顧孩子也不容易，但更難的是內心放不下孩子自己出門。直到致昊滿八個月時，我終於有機會在白天一個人去看電影。光是來到電影院，就讓我幸福得快要暈倒。隔天，無論致昊再怎麼吵鬧，我都能微笑以對。

話說回來，我認識一個媽媽，為了讓自己跟孩子們相處時彼此能更緊密，常常獨自去看電影。

在大企業擔任科長的J，各方面都完美得無懈可擊。

靠著賺匯差，她從住江南的全租屋到買下自己的房子，生下一男一女之後，比生孩子之前更認真做自我管理。平時在家人的協助下，她過著職場和育兒並行、蠟燭兩頭燒的生活，而到了週末，則是將全副心力放在兩個孩子身上。但生了孩子之後，她和老公都會各自去看電影。獨自到電影院看電影，什麼都不用管的時光，撫慰了她當在職媽媽的辛苦。

從公司下班之後，又要回家上班並跳進育兒前線的她，靠著獨自欣賞電影時所補充的能量替可愛的孩子們餵食，替他們洗澡，給他們擁抱。在懂得如何慰勞自己的媽媽底下長大的孩子們，個性開朗而健康。

感覺自己被工作和育兒雙面夾攻，需要獨處時，偶爾就讓自己保有一個人去看電影的時光吧。擺脫總是必須照顧某人的角色，感受一下什麼都不管的解放吧。

成為媽媽之後，我還領悟到一件事——準時吃一頓溫暖飯菜有多珍貴。我之前因為是自由工作者，獨自吃飯時感到很孤單，但最近卻覺得能一邊細細品味食物的味道，一邊慢慢咀嚼的獨飯時光，要比什麼都珍貴。

平時忙著餵小孩，結果我的飯都涼了，加上要清理孩子弄灑的食物，多半胃口也跟著沒了。看到孩子將食物吃下去是一件無比幸福的事，但有時我也想好好享受食物的熱氣、酥脆與口感，而不是已經變冷變硬的食物。

我希望可以不必挑選孩子能吃的菜單，而是選自己想吃的；我希望到餐廳時不必擦拭地板和餐桌，也不必為了必須匆忙打包剩餘的食物而向店家賠不是；我希望可以有邊滑手機邊吃飯的餘裕，如此就不必為了充飢而硬把飯塞進嘴巴，並能好好感受食物的味道。光是這樣，就可以讓我變得超級幸福。

所謂的幸福，原來是如此微不足道、唾手可得的事情啊。

獨飯和獨影，同時也是一種預防之道，避免自己做出埋怨家人的愚昧舉動，或對親愛的家人說出「都是因為你，我才不能好好吃飯」這樣的話來。因為有了從容獨處的時光，心靈就能找回餘裕。

發現自己對孩子和老公越來越易怒與神經質時，至少讓自己保有一小時的獨處時光吧。這一個小時可以替妳再次補充消耗殆盡的情感，並為妳的家庭帶來和平。

大人也需要長大的時間

我正在社區走著，突然有個身穿牛仔褲、肩上揹著吉他的女人跑了過去，而且還頂著一頭彷彿還沒吹乾、隨風飄揚的濕潤長髮。因為兩人對上了眼，我先是糊里糊塗地打了聲招呼，這才發現原來是和致昊同班的孩子母親。

身為兩個寶貝的母親的她，揹著吉他跑走的背影是如此美麗，讓我的視線忍不住緊緊跟隨，直到她的身影消失為止。雖然和孩子在一起的她也很美，但揹著吉他跑走的步伐之中，我能感受到她的興奮之情乘著風傳遞而來。

隨著孩子大到可以託付給托育機構之後，開始學習新事物的朋友也增加了。今年送老大去上小學、老二也已經四歲的朋友跟著忙碌起來。曾經是空姐的她，婚後把所有精力都放在育兒上頭，後來卻萌生空虛感。

孩子長大了，時間也相對彈性，她開始思考該做什麼才好。後來她決定先報名英語會話班和健身房。雖然不知道自己想做什麼，但她懷著期待感，心想著只要某件事做久了，就會知道自己想做什麼。

事實上，為了替家人償還貸款、被現實追著跑的生活過久了，就會連自己想做什麼都徹底遺忘。就像本來就胸無大志的人般，將自己的夢想整齊摺疊好，不斷埋頭往前奔跑再奔跑，最後突然停下的瞬間，就會發生白化現象。什麼想法都沒有，腦袋一片空白。

有了空暇之後，應該為自己做些什麼吧？

英文也好，編織也好，書藝也好。鋼琴、跳舞、健身、瑜珈或吉他也都不錯。

無論什麼事，重要的是跨出第一步。只要先上一學期課程，沉睡許久的欲求也會緩緩甦醒。

「我跟太太說，週末時一定要去嘗試自己想做的事。好歹一週也要有一次為自己而活嘛，所以從週五到週末是由我照顧孩子，太太則是去教堂上聖書學校，也在主日學校擔任教師。」

朋友和太太有兩個就讀中學的孩子，而他的太太就在教堂實現了自己想當教師的夢想。

看來不是只有孩子才需要練習脫離父母獨立，父母也需要練習脫離孩子獨立。原本總是待在父母身旁不肯離開的孩子，有一天也會結交朋友，擁有自己的世界。

聽朋友說，上國中的孩子第一次「砰！」關上房門時，自己受到了衝擊，於是我也不禁想像起致昊對我大吼：「媽媽，別再管我了！」的畫面。

想像致昊為了展翅高飛而離開家的那天，以及去當兵的那天……等場面，我覺得自己也該試著練習慢慢放手。我要大量學習不同的事物，等到致昊要離開我的懷抱時，才不會緊抓著他不放。

在孩子成長的期間，我也應該一起成長。

不要迷失自我

又被騙了——被導航小姐。

雖然知道從新都市到位於弘大附近的出版社怎麼走，但總覺得最近才更新的導航應該更準確，所以就傻傻地相信了。我先是經過車水馬龍的京釜高速公路，從奧林匹克大道轉到銅雀大橋，接著在二村洞來個大迴轉，最後被帶到了江邊北路。如果是按照平時走的路線，一下子就能抵達了，我卻對指引方向的導航深信不疑，最後反而多繞了好幾圈。

每次都這樣。

其實自己想要什麼，自己才是最了解的人，可是每次卻會因為別人的想法、別人說的話而動搖。不僅對親朋好友說的話動搖，也會為知名人士提倡的價值觀而動搖。

只會跟著他人的指示走，在不知不覺中，就會只剩下一具空殼。

不迷失自我的人生是什麼樣子？

不輕易動搖，
不搖擺不定，
不遺忘本心。

我忍不住想，隨心所欲按自己的節奏過生活，其實是一連串抗爭的過程。這雖是一場不為他人所動搖的抗爭，但最重要的，仍是與自己的抗爭，在為他人所動搖的當下，依然能好好安頓自己。

不迷失自己的人生，或許需要的是練習拿出勇氣，脫掉已經熟悉的衣服，並放手扔掉吧？

為了不被慣性與惰性馴養，我回顧起已經熟悉的人事物。

有時我開的課程內容都相同，只有聽課的人不一樣，所以這份工作收入等於是來得不費吹灰之力。因為已經重複上了好幾年，就算沒有備課也不會感到緊張。或許是因為這樣，上班的那一刻我就已經能預想到學生的反應，然後便開始想要回家。

我本來不是這種人的啊，我本來很享受在工作時與人溝通的啊。

我討厭自己變得懈怠，所以刻意提前兩小時出發，到教室附近散步。我一邊散步，一邊告訴自己：「享受今日吧，享受上課吧。」走進教室時，內心覺得清爽許多。

不要沉溺或依賴慣性。

做這樣的練習，就是不迷失自己的開始吧？

第三章

遇見你之後，我逐漸明白的一切

不想做的話，不做，也沒關係

「致昊，要不要吃麵包？」

「……」

「致昊，要吃飯嗎？」

「嗯～」

「致昊，媽媽給你飯，為什麼不吃呢？那要吃麵包嗎？」

「……」

「致昊，不想吃早餐嗎？不想吃的話，不吃也沒關係。

等你長大成人，就會有許多不想做，卻還是得硬著頭皮去做的事情，所以啊，如果現在不想做的話，不做也沒關係。

致昊，媽媽也好希望有人可以這樣對我說。

如果不想做，不做也沒關係。」

「嗯～」

「是啊，自己的人生，按自己的節奏來，沒關係。」

因為你，我也長大了

「媽媽、爸爸、媽媽、爸爸（跌倒在地），咯咯～」

致昊開始學走路了。

第一次靠自己的雙腳走路，似乎讓孩子感到很神奇，有時睡到一半，致昊還會突然醒來，自顧自地往前走。就算走路搖搖晃晃，不小心摔了一跤，孩子也沒有哭，而是直接站起來繼續走。在路上看到落葉時，孩子會撿起來吃吃看，看到路過的哥哥姊姊時，也會興奮地大叫。我知道孩子最終會整個人摔倒在地上，可是孩子爬起來時，卻以無比滿足的表情望著我。孩子露出的表情實在太惹人憐愛了，讓我忍不住笑了好久。

我用影片記錄了致昊第一次學走路的模樣。

致昊啊，你終於能靠自己的雙腳獨自站在這個世界上了。你真的好棒、好厲害。

致昊用一種洋洋得意的眼神看著我，好像在說：「媽媽，我站起來了！我要自己走路，趕快稱讚我！」當我讀懂孩子的眼神，並且用很誇張的動作替他鼓掌時，致昊就曾把眼睛笑成一條線，帶著燦爛的笑容奔向我的懷中。我緊緊地摟抱孩子，母子倆一起開懷笑著，但很快的，致昊就從我的雙臂掙脫，再次站了起來。

為了獨自站著，為了憑自己的力量走路，就算猛然跌倒了，也一次又一次地站起來。

「致昊，要不要媽媽牽你的手？」

要是我擔心孩子會摔跤，想要伸手去牽孩子，孩子就會用力地甩開我的手。

因為他想靠自己走路，想獨力完成這件事。

看著孩子走路的樣子，我領悟到總是畏首畏尾的自己，還比不上兩歲的小寶寶。

有次我站在十字路口的紅綠燈下，聞到隨風飄來的塵土味，頓時一陣作嘔，於是我知道自己懷了身孕，也很自然地停下工作。工作十多年，我不曾停下腳步休息，所以對初次成為無業遊民感到很不習慣。我始終不安，總想著生完孩子後還能不能重返職場，有誰會取代我的位置？

致昊開始學走路時，我正為了重返職場，開始摸索要從事什麼工作。因為已經休息了兩年，我便開始嚇唬自己。

有那麼多人做得比我好，我的能力符合目前的市場嗎？會不會根本回不去職場啊？

沒出息的我連試都沒試就先退縮，導致洋洋灑灑寫了一堆資歷的履歷也跟著失去光采。相較之下，明知自己會跌倒卻仍勇敢跨出步伐的致昊，反而更像個大人。

致昊用自己的行動在說話。「別害怕，先拿出跨出第一步的勇氣。」

是啊，我要效法你學走路的精神，就算會跌倒，也試著再次站起來。

謝謝你，因為你，我也長大了。

因為是第一次當媽媽

不瞞大家說，其實我很怕當媽媽。我不知道自己該當什麼樣的媽媽，也不知道媽媽該替孩子做什麼，只覺得自己必須無條件地待在孩子身邊，寸步不離。

在即便只是呼吸也覺得炎熱的七月天，致昊來到了世上。當時我的身體浮腫得很厲害，只要稍微走動一下就覺得頭暈目眩；只要開口說話，血壓就會飆升到一百七以上。醫生診斷我是得了子癲前症，讓我住進了「高危險產婦室」。在那個地方，每三小時就要量一次血壓。對子癲前症的患者來說，血壓是非常重要的，要是血壓一直居高不下，生命就會有危險，所以必須盡早生產。

基於對孩子的愧疚與罪惡感，無論身體狀況會如何，我都希望能多抱孩子一天，所以從測量血壓二十分鐘前開始，我就會播放古典音樂，讓心情平復下來。過了兩週左右，血壓降到了一百四左右，主治醫師說可以轉到一般病房了，這時我也才跟著安下心來。我用筆電觀看綜藝節目，咯咯笑個不停，後來接受胎動檢查，醫生卻說孩子的胎動非常微弱，不安感導致我的血壓再次飆到兩百，接著就在緊急的狀況下生下了致昊。

我曾經是個只要說起「孩子」二字，就會忍不住皺起眉頭嫌惡的人，可是我在生產過程中卻充滿了恐懼敬畏。我竟然當媽媽了，是個必須對一個孩子負起責任的媽媽了。我不敢相信，也沒有半點真實感。我生怕孩子會夭折，每天以淚洗面，有半年的時間，除了去醫院之外，我不曾讓孩子離開家裡半步。那段時間，我過著手忙腳亂的生活，只要時間一到，就趕緊餵孩子吃奶，幸好我的憂慮是多餘的，致昊成了頭好壯壯，很愛笑、很能吃也很能拉的孩子。

我抱持著必須好好養孩子的偏執念頭，而自我實現的需求也在這時探出頭來。生完孩子的一個月內，我就簽了新的散文集出版合約，每個月也會寫一兩個專欄。雖然很想全心投入工作，但我不斷對自己洗腦，為家人犧牲是第一順位，硬是把自我實現的需求給壓了下去。

就在育兒生活的某一天，我發現自己對纏著我不放的致昊視而不見，只顧著滑手機。這是怎麼回事？我還不如一邊工作，在能陪伴孩子時與他對視，把注意力集中在他身上，這樣不是比較好嗎？

媽媽，也是第一次當媽媽。

因此，發生失誤、有不懂的地方，這都是很正常的，可是為什麼我對他人的失誤如此寬容，卻在身為媽媽的我犯錯時產生了罪惡感呢？

我會不會是被那該死的理論所束縛，說什麼「三歲以前形成的依附關係，會對孩子的人格造成莫大的影響」，反而以待在孩子身邊為由，對他進行了情緒虐待？目前致昊吃喝拉撒睡都很正常，是個很愛笑、健康又漂亮的孩子，但會不會反而是身為媽媽的我被過去所綁住了？

我心想，我希望在致昊的心目中，我是個手邊做著自己的工作，充滿活力且幸福洋溢的媽媽，而不是每天在家中將自己憂鬱的影子投射在孩子身上，一天撐過一天的媽媽。要是再這樣下去，我說不定會變成用情緒勒索來自我補償的媽媽，對著孩子大吼：「我是怎麼把你養大的，你怎能這樣對我！」

我闔上了育兒指南書。每個人的長相和性格各有不同，就算為了我的孩子跟指南書上頭寫的不同而心急如焚，也無濟於事。我和被稱為「好媽媽」的朋友保持了距離，同時也拋下了和朋友比較時，覺得自己沒辦法成為「更好的媽媽」的罪惡感。我減掉了足足增加二十公斤的體重，重返教職工作，也安排時間去參加讀書會，養成閱讀習慣。碰到必須獨自帶小孩的日子，我就會去找住在同一大樓、孩子與致昊同齡的媽媽們。我把已經厭倦育兒時感到孤單的媽媽們召集起來，並且把米飯拌入大碗中，大家邊吃邊共同照顧孩子。我開始要求老公積極參與育兒，把遮住腹部的寬版T恤扔掉，買了貼身裙，而我慢慢地開始感到幸福。

成為媽媽，等於是變成一人分飾多角。就像結婚需要適應期，育兒也不例外。為了度過適應期，好讓我、家人和孩子能和諧共存，我展開了一場生存戰鬥，身體雖然感到很疲倦，但精神上卻變幸福了。認真工作之後，和致昊一起度過的時光是如此珍貴，所以我變得更常擁抱孩子，也更常對孩子露出笑容。

唯有按自己的想法節奏生活，才會感到幸福的我，
也因為照著自己的想法生活，讓一家子都感到幸福了。

放下必須成為好媽媽的執念吧。
因為光是深愛孩子這點，妳就已經是個好媽媽了；
因為這輩子是第一次當媽媽，本來就無法十全十美。

謝謝你愛著這麼渺小的我

連續兩天授課、忙著上課與寫稿，所以孩子回到家之後是由老公帶。在消化忙碌行程的同時，看到老公傳來的孩子影片，忍不住看了好久，於是開始想回家了。今天沒做的事，明天再做就行了，但今天錯過的孩子笑容，到了明天就會變成別種光芒，因此想看的時候，就要盡情看個夠。

搭乘捷運、走路去換乘公車，花了兩小時才回到家。我按下玄關密碼，這時便聽見孩子飛奔過來的聲音。玄關門都還沒來得及完全關上，孩子就露出世界上最幸福的笑容衝過來。

「致昊～媽媽好想你。跟爸爸玩得開心嗎？媽媽愛你喔，親一個！」

我還沒來得及換衣服，就忍不住抱住致昊，送上一個吻。就在我正打算起身時，孩子卻賴在我的膝蓋上不肯下來。我們就這樣親暱地磨蹭臉頰好一會兒，孩子才跑向了爸爸。

「媽媽洗個澡再過來，你跟爸爸一起吃爆米花。」

我才走進淋浴間，致昊就在門前不停來回，同時發出喊叫聲。他才剛吃了顆爆米花，就跑來確認媽媽出來沒有，之後拿起一個玩具，又跑來確認媽媽出來沒有。

聽到孩子蹦蹦跳跳的聲音，我忍不住咯咯笑個不停，看著鏡中的自己，我從容自在地笑著。

雖然不比之前美，卻比之前從容不迫呢。

看來現在過得很不錯嘛。

我在自言自語中沖完澡，然後小心避免發出聲音，稍微把門打開了一點。一聽到細微的聲響，致昊隨即三步併成兩步跑了過來。

我算什麼啊？這麼微不足道的我，何以讓你這樣愛著我？

謝謝你，只因我是你的媽媽，就給我滿滿的愛。

多虧了你，微不足道的我，在這個夜晚也因此耀眼起來。

只是凝視著，都覺得美好的愛

孩子入睡後的祥和臉龐，讓我不由得凝視了許久。我慢慢地欣賞孩子白皙的皮膚，精緻小巧的眼睛、鼻子與嘴巴，聽著孩子發出均勻的呼吸聲，伸手輕輕撫摸他的小腦袋瓜。

還在戀愛時，對我來說，所謂的愛是經過計算的，是我得到的愛至少要跟我給出的一樣多，或者要比那更多才行。

那是愛嗎？

但也不能說不是愛啊。

那也是愛的一小部分吧？

聽到「我愛你」之後，依然裝模作樣地轉過身去的致昊，笑得是如此可愛。能給子女的愛，以及能給男友的愛，打從一開始的份量就有不同嗎？隨著時間的流逝，我對你的愛又會增加多少？

孩子的一顰一笑、舉手投足、跑跑跳跳的模樣，光是孩子的生命與呼吸本身，就能讓人感受到愛。

遇見致昊之後，我明白了世界上有這樣一種愛，光是凝視著他，內心都能感覺到美好。面對人際關係時，原本狹隘的心胸也跟著一點一點打開了。

遇見你之後，我領悟了好多事。

因為你，一切都變得有可能

「我絕對沒辦法早起。」

「知道我討厭孩子吧？我絕對沒辦法養小孩。」

「我絕對沒辦法早上去外縣市教課。開車到那邊上課有多累啊？」

可是在養孩子的訓練之下，一大早起床變得不那麼痛苦了，而且原本非常討厭小孩，就算看到經過的孩子朝著我微笑，也不會正眼看他，繼續走路的我，但養育致昊的過程中，卻不時為孩子的可愛模樣著迷，看到和致昊的年紀相仿的孩子，嘴角就會忍不住上揚。

原本以為自己絕對不可能在早上去外縣市教課，結果現在的我為了避免遲到，會提前一小時半抵達。靜謐無聲的鄉下早晨，我望著破曉的天色，站在草綠色烤漆的大門前，嗅聞著從藍色屋頂裊裊上升的晨間炊煙，聆聽啾啾唧唧的鳥鳴聲，內心十分寧靜祥和。

或許，「絕對做不到」這句話是一種明知非做不可，卻因為恐懼而選擇迴避的強烈自我防禦機制。

我決定往後把「絕對做不到」這個否定句改成「還行耶？」「我辦得到耶！」

直到生命走向盡頭，還能達成多少事情呢？

多虧了致昊，我感覺自己逐漸變成了更棒的大人。

有你的存在，我才得以閃亮

三歲的致昊會突然做出很可愛的舉動。早晨第一次打照面時，致昊就會露出彎成兩條弧線的燦爛笑容。只要抱著孩子、看到孩子的笑容，這疲憊不堪的人生就會跟著散發光彩。

我用手替鑽進懷裡的致昊梳了梳翹起來的髮絲，替他脫下沉甸甸的尿布，換上新尿布，並對他訴說無盡的愛。

「媽媽愛致昊喔～愛你喔～」

我抱著致昊唱起歌曲，看著孩子燦爛的笑容，送走了昨夜的疲勞，也獲得了全新一天的力量。原本看似毫無希望、意志消沉的內心，也因致昊純淨的笑容而再度發光。

看著孩子從睡夢中醒來的可愛臉龐、凝視著孩子烏黑明亮的眼眸，輕聲問候他有沒有睡好的早晨，我好喜歡這樣的時刻。今天，我也為孩子能健康地睜開眼睛、露出笑容而心懷感謝。

就算沒有特別的驚喜，我仍期待起早晨睜眼的瞬間，並為此感到幸福，這是你帶來的無數禮物中珍貴的一個。

此時你在我眼前，那就夠了；
此時我能抱著你笑著，那就夠了。
只因你存在於世上，
只因我是你的媽媽，就讓我獲得了安慰。
我好高興，沒有在你長大後才醒悟，
而是在養育你的過程中，就明白這珍貴的情感。

就連飯鍋也有自己的用處

昨晚致昊吃大豆飯吃得津津有味，於是我今天又把豆子泡軟煮成米飯，早上餵他吃。

沒想到米飯的重量會如此沉重，其中有為了吃三頓飯所花費的辛苦，還有為了維持三頓飯的營養，因此必須辛勤賺錢的沉重感。最重要的是，我還真不知道，為了讓孩子吃飯吃得香，我得又唱又跳、如此綵衣娛「子」才行。

雖然覺得一餐沒吃也不會怎樣，但如果孩子餓了一餐，莫名就會覺得孩子的臉越來越小、越來越消瘦。我很努力想讓孩子多吃一杓，而就在飯鍋噴出水蒸氣時，致昊隨即轉過頭，眼神中寫滿了好奇。

「致昊啊，飯鍋現在正在努力煮飯，煮你覺得很好吃的大豆飯。飯鍋要負責煮飯，吸塵器負責把灰塵吸乾淨，那致昊要負責做什麼呢？」

在旁邊拿著湯匙，唱起〈三隻小熊〉的老公回答：

「負責吃飽飽、睡好覺、順利地大出便便。」

那一刻，我對致昊充滿了欣羨。

真羨慕你，只要顧著吃喝拉撒睡就行了。

那麼，我要做的事情又是什麼？

就連飯鍋都有應盡的本分，

那我的本分又是什麼？

我望著從飯鍋裡裊裊升起的水蒸氣，

思考起我們各自的本分。

第四章

不被孤單折磨

想哭就能哭的祕密基地

當淚水突然湧上，不受控制地沿著雙頰往下流時，孩子就像是讀懂了媽媽的心情，使出渾身解數對我撒嬌。媽媽都在哭了，你怎麼還笑得出來？儘管如此，心中的埋怨也只維持了幾秒鐘，只要靜靜地望著孩子，就會對這個在懷中笑嘻嘻的小可愛感到抱歉。為了安慰我，你都這麼努力在笑了，我也該停止哭泣才是。

可是，有時就連我的心也不聽使喚。那天，我在尋找能讓自己盡情流淚的地方，於是驅車前往漢江。我在車上哭了好一會兒，想起如今家中兩寶已上小學的朋友曾說過結婚前夕發生的事。

朋友說，想到結婚之後，人生就會跟著翻轉，恐懼感也逐漸湧上心頭，於是在半夜十二點開車跑到漢江，形單影隻地啃著雞爪配燒酒。

原來碰到想哭的日子時，我們沒有什麼能獨自盡情哭泣、宣洩情緒的場所啊……

在家時就算想哭，但顧及在孩子的世界裡頭，媽媽依然佔了很大的比重，為了不讓孩子被自己悲傷的情緒感染，所以會竭力忍住，另外尋找能盡情哭泣的場所。我找到了兩個可以不管他人眼色、想哭多久就哭多久的地方（車子內已經公開了，另外一處則是祕密，因為這樣我才能一個人去。）

都怪這該死的荷爾蒙，偏偏在不必要的時候出場，所以即便只是碰到小事，我的情緒也經常一股腦兒湧上。碰到這種時候，只要躲到我專屬的場所放聲大哭，心情就會暢快許多，也不必因為自己小題大作而感到丟臉。

感覺只有自己停滯不前時

我抱著徹夜都在呻吟的致昊，看著老公出門去上班，內心感到既羨慕又嫉妒。

明明孩子是一起生的，卻只有我在孩子的時間裡停滯，與過去努力累積的資歷漸行漸遠，但即便有了孩子，老公的生活似乎仍繼續在前進，沒有任何變化，因為至少資歷沒有中斷。

有強烈事業心的我，很羨慕每天上班、下班、參加聚餐、進行專案的老公，但後來，是笑咪咪的孩子澄澈透明的雙眼、細嫩的肌膚、慢慢咀嚼的嘴唇、溫暖的小手給了我安慰。

能像這樣待在孩子身邊的時刻有多久呢？

等你長大一些，你就會丟下媽媽，忙著去找朋友了吧？

到了那時，我一定會很失落、空虛，所以就好好享受能盡情抱孩子的這一刻吧。儘管如此告訴自己，但當產後憂鬱症襲來時，好不容易收拾好的心情卻再次被擊垮了（通常是以三個月為週期發作）。

老公已經在前頭領先，跑得遠遠的了。

在我們共度的時光之中，只有老公獨自成長了嗎？

我原本以為，為了家人著想，最佳的選擇是辭掉工作，把全副心思都放在家庭上，可是沒有放棄工作的朋友，至今卻依然美麗、充滿活力，孩子們也健康地長大了。我感到好虛無。

只有我一個人停滯，被甩在後頭嗎？

沒來由地陷入低潮，於是我跑去血拚一番，最後卻只買了一堆孩子的衣服。買完晚餐做菜的食材，在回家的路上，我和家中兩個孩子只相差一歲的朋友通了電話。

「老大最近不想去幼兒園，每天早上都在上演哭鬧劇。我也替沒送去托嬰中心的老二穿了衣服，對他們說：『二寶，我們去托嬰中心吧，大寶也該去幼兒園吧？』然後把兩個孩子都帶了出來。壓力真的超大的。昨天我媽過來照顧小孩，而我在打掃，腦袋突然萌生這種想法。我一個讀到研究所的人，現在到底是在幹什麼？媽媽看到這樣的我，又會做何感想？我想重新回去工作，但事到如今，真不曉得要怎麼開始，又要做什麼工作才好，孩子們又該怎麼辦？」

是啊，沒錯。

是啊，沒錯。

我哀怨地說著好像只有自己停滯了，但後來聽到願意理解我、給我共鳴的同志之後，內心釋懷了許多。難道人類是一種必須靠大聊特聊來化解壓力的動物嗎？

好像不是只有我停滯了。現在不是停滯期，反而有可能是成長期，因為，我正處於藉由等待逐漸成熟的時期。

自行擁抱傷口

成長的過程中，我始終感到孤獨。

聰慧的大姊很會讀書，愛撒嬌的二姊不僅漂亮，也很討人喜歡，但身為么女的我卻是個不聽媽媽的話，只會成天窩在家裡、埋首書堆的孩子。爸爸的家境貧困，同時又是必須照顧弟妹的長男，而媽媽在嫁給爸爸之後，也跟著背負了沉重的人生重量，但年幼的我看不見這些，我總是孤零零地讀著書，久而久之成了飽讀眾書的書蟲，成了一名作家。

結婚之後我才對過去總是心懷畏懼、必須看他們臉色的父母改觀。看著上了年紀的爸爸的肩膀，我才發現，本以為無比強悍的爸爸，原來是在故作堅強啊……

從小到大，我都帶著沒能從性情冰冷的媽媽身上得到愛的心理陰影。雖然腦袋能理解，那是因為媽媽也同樣不曾被愛過，所以才不懂得如何付出愛，但每回看到朋友們溫柔和善的媽媽時，內心總有說不出的欣羨。即便是難以自行判斷及處理的事情，我也必須獨自想辦法克服困難，但說來諷刺，我也因此培養出強烈的獨立性格，就像雜草一樣，無論把我丟在哪裡都能生存下來。

原以為爸爸、媽媽天生就知道怎麼當父母，以為他們自然要比我更強大，而且無所不知，但如今回首，當年成為三個孩子的爸、身為窮苦人家長男的尹英武先生，和現在什麼都不懂的我是處於相同年紀。

聽到有一隻炸全雞可吃，於是飛奔過來的三個女兒，以及一對三十幾歲的年輕夫婦，全家人聚集在主臥室裡。媽媽說自己討厭吃雞肉，因此即使炸雞就在眼前，依然自顧自躺下來閉目休息，而嘴上說沒有肉的雞脖子和我們留下的骨頭最美味的爸爸，當時應該是聞著香噴噴的炸雞味吞下口水。

三個女兒吃完離去後，聞著瀰漫整個房間炸雞味的父母所感受到的情緒，是悲傷呢抑或是因餵飽了孩子而感到安心呢？年輕時父母所吃的苦頭，讓我感到好不捨。

畢竟爸爸是長男，如果我是個兒子，媽媽就能揚眉吐氣了，可是生到最後還是女娃兒。聽到死腦筋的慶尚道老人家們三句不離兒子，媽媽肯定心都累了吧。

﹝假如你變成了聖誕老人，你想要送什麼聖誕禮物給小時候的自己呢？﹞

去年在一個叫做「共感課程」的地方聽課時，講師問我們這個問題。我先是毫不猶豫地寫下「無論怎樣，都想給五歲的自己一個禮物盒」，後來又在旁邊畫了雙溜冰鞋。

和姊姊們第一次去溜冰場的那天，媽媽說我年紀還小，不知道要怎麼溜冰，於是只把錢給了姊姊們。我想給當年看著姊姊們穿著溜冰鞋轉來轉去，孤單地跟在後頭跑的自己一個擁抱。

我想擁抱當年唯一在溜冰場上穿著運動鞋奔跑的自己，想替她穿上一雙溜冰鞋，牽著她的手一起溜冰。

我想送給當年無法理解父母忙於生計，為了無法裝飾聖誕樹而感到傷心的自己一個禮物。

看著自己寫下想要的聖誕禮物，畫下的圖，我笑著心想：「等致昊五歲時，不管他要溜冰鞋還是滑板車，我都要買給他。」我喜孜孜地挑選要買給孩子的自行車，腦中浮現孩子騎著紅色自行車時閃閃發亮的眼神，內心充滿了幸福。

是致昊讓我從缺乏關愛的心理陰影走了出來。看著和我長相相似的孩子在愛的包圍下成長的幸福模樣，在我體內沒有長大的內在小孩也露出了笑容。當我包裝著給致昊的聖誕禮物時，曾經難以開口要求父母買聖誕禮物的內在小孩，也跟著心滿意足地笑了。

當我盡情為這個小傢伙付出愛，
當我一次又一次地向這個小傢伙傾訴愛，
我的內在小孩也就停止了哭泣，並開懷大笑。

如今，停滯在五歲的內在小孩才開始成長。

和討厭的人就是保持距離

還以為只要變成大人，人際關係就會變簡單。因為大人身軀龐大又成熟穩定，所以也不會發生爭吵、誤會或有感到彆扭的人，然而真實狀況是隨著年紀增加難度的，就是人際關係。

是人改變了，
還是心改變了呢？

即便是認識多年的好友，最近也格外難以溝通，彼此之間彷彿有道穿不透的牆，完全無法共鳴。曾經是連瑣碎日常都會分享、獨一無二的死黨們，在求職、結婚生子之後，卻接二連三地疏遠了。為什麼會這樣呢？

有些非出於自願，只是因為剛好孩子們同班，所以不得不維繫的尷尬關係。雖然很想退出只因為吃過一次飯就被邀請加入的群組聊天室，但又怕別人說閒話，所以乾脆放著不管，任由對話內容逐漸累積。

就是覺得討厭的人，

相處起來就是彆扭的人。

當身邊有這種人存在時，總覺得自己就變成了小家子氣的大人，尤其那個人也沒犯什麼大錯，但就是莫名沒好感，相處起來很不自在。

有時，相較於毫無交流的獨處，就算感到彆扭也有人陪，似乎要好上一些，所以我很努力要融入。不，也許這根本是一種想成為好人、想和所有人相處融洽的野心。

正如每個人的長相和性向各不相同，會產生好感的類型也不同。別因為一句話就給自己壓力、黯然神傷，和就是討厭的人保持距離吧。

不當對別人寬容的大人，
當個讓自己舒坦的大人。

說「好想死」時要慎重

「早上我忍不住對女兒脫口說出我想死，也沒考慮到女兒聽到時會有什麼心情。」

朋友的媽媽一輩子照顧善良的丈夫，又要在艱辛的婆家生活的夾縫中求生存，平時則靠著在餐廳工作拉拔兩個孩子長大。等一兒一女各自成家後，她和退休後的老公一起經營餐廳，慢慢償還剩餘的貸款。

每天站在高溫滾燙的爐火前做菜，老老實實地賺錢，可是怎麼轉眼間每個月付利息的日子又到了……相較於戶頭存款累積的速度，錢流出去的速度快得讓人不禁起雞皮疙瘩。

那是個與平時無異的一天。朋友的媽媽感覺全身虛弱無力，所以中午結束生意後，在回家之前打了通電話給女兒，接著，她望著格外絢麗的晚霞忍不住哽咽了。替丈夫闖下的禍善後，想著如今總算能過上輕鬆的日子了，身為大孝子的丈夫卻說不能把得了失智症的老母親丟在療養院，把母親接來家裡同住後，卻把照顧的工作推給了太太。

人生真是漫長乏味啊。

都做到這個分上了，我也算是盡了本分。

都做到這個分上了，不該再有其他考驗才是啊，

可是還得熬下去的日子，竟與走過來的日子一樣多，

眼前頓時一陣黑。

打給女兒說出「我想死」之後，她感到很後悔。也不是只有苦日子，

為什麼自己會向女兒埋怨呢？老是依賴女兒久了，女兒也會吃不消吧。真是的，怎麼像個傻子似的，她告訴自己要改掉突然哽咽的壞習慣。

其實不只是朋友的媽媽，我們也常隨口說出「啊，快累死了」、「真的好想死，為什麼事情這麼不順啊？」這可能是在抱怨辛苦的程度，也可能是不假思索就吐出的話，但深愛我們的人聽到那句話後，內心該受到多大的驚嚇啊？想像你死去的畫面時，又該有多悲傷？

言語會牽動想法和行為。倘若真心想尋死，就沒辦法輕易說出口，因為想死的人會認真鑽研死亡的方法，也會盡可能不讓他人知道自己可能會死的事實。

對女兒說「我想死」的友人媽媽，在掛上電話之後，看著無比絢麗的晚霞流下了淚水。這一刻是如此美麗動人，讓她不禁覺得，繼續活下去似乎也不錯。

我想死，
我想活，
就在一線之間。

可以離婚嗎？

〔非得有很嚴重的理由才能離婚嗎？〕

野原廣子的漫畫《可以離婚嗎》裡，結婚九年、在他人眼中擁有平凡家庭的主婦翔子陷入了苦惱。翔子有個勤奮上進且善良的老公，還有兩個可愛的孩子，但她仍每天都在夢想離婚。這是因為，在外頭溫柔體貼的老公，只要回到家之後就會變得很暴力，而且對家務事和孩子們漠不關心。聽到生病的老大徹夜大哭，無情的老公卻說：「那我出去吃完晚餐再回來。反正我待在這也幫不上忙啊。」接著就出門去了。

當無法說話的孩子生病大哭時，媽媽就會突然心生恐懼。翔子擔心孩子有個萬一，於是徹夜守在孩子身旁，而丈夫冷漠的態度，讓翔子感受到什麼是刻骨的孤單。

雖說大家都是在隱忍中生活，但這樣做真的幸福嗎？在兩人之間的衝突漸深，就算不相愛也不會怎麼樣，雙方又完全無法對話與溝通的情況下，以家人為名維繫關係果真是正確的嗎？

在同時撫養孩子並做兼職工作的翔子面前，丈夫竟然大言不慚地說全家靠他賺錢，還大吼：「妳就只在家裡看孩子、遊手好閒，是有做什麼正經事！」

事實上，最困難的不就是「看孩子」嗎？

在一分一秒都無法隨心所欲地休息，必須百分之百根據孩子的狀態和要求採取行動、彷彿倉鼠輪轉動般日復一日的生活中，如果還得包辦所有家事，身心就會逐漸疲乏無力。要不然上傳到媽咪論壇，描寫「全心全意撫養孩子的人生」的文章底下出現的這句留言：「在地獄之中，只有孩子閃閃發亮」，又怎會引起強烈共鳴呢？

光是另一半能明白「在家看孩子」絕對不是遊手好閒，還有照顧小孩比任何事都困難，就能帶來莫大的力量。

因為兩人相愛，所以步入婚姻，為了能過得更幸福，所以生了孩子，可是怎麼卻只覺得越來越孤單呢？真是太諷刺了。

沒有孩子時，兩人能在理性克制的範圍內爭吵，但孩子出生之後，必須經歷新生兒的時期，在睡眠需求、排泄需求、進食需求等基本需求都遭到無視的情況下，夫妻的關係更形尖銳。兩人開始激烈爭吵，甚至讓人覺得在此之前的爭吵都不過是小孩子的惡作劇。見到彼此不加修飾的一面，有時久了能凝聚彼此的感情、使關係更加和睦，但有時，也會像翔子夫妻倆一樣漸行漸遠。

翔子帶著總有一天會離婚的想法盤算起生活費，也不時四處去看房子，最後聽從別人的建議：「妳就帶著被揍的覺悟，把心中的不滿告訴丈夫吧。」對丈夫道出了過去自己為了維持家庭的和平而忍下沒說出的話。

「我們離婚吧。」

如今要和孩子們展開新人生了，但這次扯住翔子後腿的卻是孩子們。他們說，想和爸爸一起住。

最後翔子沒有離成婚，而書本的最後一頁，是以這幾句話作結：

「原以為結婚就會幸福，現在卻覺得唯有離婚才能幸福。但是，就像結婚無法帶來幸福，離婚也無法保證就能幸福。」

離婚之後，真的就能幸福嗎？

不離婚，真的就能幸福嗎？

我不知道何者會是正解。
翔子一家人，現在會過著什麼樣的生活呢？

擺脫依賴

P是名校出身、家境優渥、有一對好父母、人長得漂亮、性格又善良，唯一的缺點就是無法獨自決定任何事。戀愛時，就算善良美麗的P無法獨自做出決定，男人們也都覺得她可愛。他們認為P主動詢問意見是種關心，稱讚她很溫柔，但隨著關係越來越深，男人們開始感到厭煩。

「親愛的，我中午吃什麼好？」

「親愛的，我搭公車回家好，還是搭計程車回家好？應該搭幾號公車？」

「親愛的，我的指甲擦粉色好，還是白色好？」

「親愛的，我要穿大衣還是羽絨衣？」

「親愛的，我是今天去見朋友好，還是明天？」
「親愛的，我現在可以吃餅乾嗎？」
「親愛的，朋友對我說了這樣的話，我該怎麼回答？」

在毫不間斷的提問攻勢下，關係總是無法維繫太久，而P也一直不停換男友，直到後來透過相親結婚生子，P又因為丈夫再也無法接受自己，開始依賴娘家的媽媽。

「媽，要讓孩子穿哪一雙襪子？」
「媽，要讓孩子吃什麼配菜？」
「媽，孩子流鼻水了，我現在要帶他去醫院嗎？」
「媽，月子中心的朋友們約我見面，我該去嗎？」
「媽，我中午該吃什麼？」

慢慢地，丈夫總是回到家之後又匆匆離去，娘家的媽媽則是乾脆搬進女兒家裡住，也因此與女婿的衝突達到了頂點。娘家的媽媽把P的依賴視為父母與子女之間愛的表現，對待女婿時，也像從前對待P那樣凡事干涉，衝突因此浮上了檯面。性格獨立自主的丈夫覺得喘不過氣，開始以暴力來紓解心中的鬱悶，最後兩人進入了離婚調解程序。

P為何會想要依賴所有人呢？身體已經長大成人了，心智成長的速度卻沒有跟上嗎？

P的依賴傾向之中存在著娘家媽媽的偏執。娘家的媽媽從小就缺乏母親的照料，因此她希望能替女兒做任何事。她總是替女兒的一舉手一投足做好決定，久而久之，和丈夫的關係也漸形疏遠，但她並不把這件事放在心上。從日常小事到學業、升學、求職等，P習慣了遵照媽媽的建議，最後長成了無法獨自決定任何事，只有身體變成大人的孩子。

如果不想辦法擺脫依賴的枷鎖，除了P的媽媽之外，不會有任何人留在P的身邊。觀察那些依賴心重的人，就可以發現他們既膽小且充滿不安感，甚至展現出無法相信自己能力的特徵。

練習一點一點地擺脫依賴吧。

透過「做錯也沒關係」的心智覺悟，嘗試自行做出決定吧。就算決定出了差錯，為自己的決定負起責任的態度，不也是成熟大人的表現嗎？那麼，也就能過得幸福一些了。

擺脫因為依賴，導致周圍的人越來越少的孤單感吧。

即使會恐懼，也練習一步步去做吧。

不結婚也沒關係

「我的朋友M啊，才結婚半年就離婚了。好像說沒有去登記結婚吧。M說結婚之後才發現，自己並不適合結婚，所以她向老公解釋清楚，也跟父母說了，決定要自己一個人住。」

「哇，太明智了，帥喔。」

「她說現在靠家教一個月可以賺五百萬韓元。因為她也不是很會花錢的類型，所以就把收入存起來，不然就是拿去旅行，也靠貸款在外縣市買了間小套房。這次說和外國人談起戀愛了呢。」

「她怎麼這麼聰明啊？太了不起了，羨慕！」

這是結婚五年和結婚十年的女人的閒聊內容。

我們何以結婚了，卻還夢想未婚生活？
為什麼未婚女性會夢想結婚呢？
難道這是什麼非得通過不可的關口嗎？
是想要和另一半體驗一下結婚育兒的平凡人生嗎？
想要相信我的人生至今仍存有浪漫？
還是想透過婚姻，擁有在這個世界上唯一與我站同一陣線的人？
我雖然結婚了，但至今仍搞不懂。

因為孤單而非得有男朋友的人，婚後會感到更孤單；一個人也能過得很好的人，婚後也依然過得幸福美滿。理由是什麼？

我認為孤單無法「透過婚姻」消除。與像我一樣有許多缺點與不足之處的人一起生活，這就是婚姻。

不是因為想要有人依靠、因為孤單、因為年紀到了、因為不安、因為朋友們都結婚了，所以才走入婚姻，而是因為能夠描繪出與身旁的人攜手共創的未來，因為遇見了能和他一起生養孩子、吃飯、打掃、生活，就算讓他看到不想讓任何人看見的素顏也無所謂的人，因為就算看見那人的傷口或缺點，也不會想要逃跑，而是想要牽起他的手，以及因為就算我一個人也能過得很好，可是和這人在一起時卻很自在、最像我自己，這時結婚才是好的。

如果是因為對方多金、家境好、外型帥氣或條件好才結婚，等到那些理由消失之後，幸福也就不在了。無條件喜歡我的人，就算在一起時不打扮，也能最讓我做自己的人，直到那樣的人出現之前，不結婚也沒關係。

就算終生不結婚好了，相較於與另一半合不來、時常起摩擦的不幸婚姻，以不婚的狀態平靜地過日子不是更好嗎？與其因為擔心上了年紀會孤單，因此和不合的人結婚並痛苦一輩子，宣告自己不婚、一個人生活不是比較幸福嗎？

畢竟抱持不婚主義，並不代表就不談戀愛。

有些幸福能靠結婚得到，
但也有些幸福會因結婚失去，
因此結婚不是必選題，只是選擇題罷了。

當然了，這只是我的個人見解。

和你一起成長

孩子是靠攝取時間與愛成長的，
一瞑大一吋，
上個月孩子穿上時還得摺起袖子的大尺寸衣服，
這個月穿起來卻剛剛好。

我以青春餵養，換來你的成長。
曾經我認為自己一天天老去，
而你，一天比一天年輕。
我的身體逐日蒼老，
而你漸漸活力耀眼。

我和你玩起了捉迷藏的遊戲，
你看著我躲在一眼就能看到的角落，
我看著你咯咯笑個不停地跑來找我，
我，成了你的孩子，
我的身上也有了純真。

藏身在窗簾後的我，故意將腳稍微露出來，
好讓你能輕易找到。
原本枯燥乏味的日常，
竟然幸福得讓人忍不住流下淚水。

藉由你的活力，
你充滿好奇心的視線，

我又再度一天比一天年輕，
即便只是瑣碎小事，也能咯咯笑個不停。

第五章

活出自由的人生

刪除IG

明知ＳＮＳ社群媒體上看到的形象並非全部，但基於好奇心窺探別人的生活時，欣羨與羞愧感卻伴隨而來。那女的才剛生完小孩不到一百天，為什麼臉蛋和身材會那麼完美，家裡又是怎麼能布置得那麼簡潔俐落？一定是另外有人幫忙照顧小孩、幫忙做家事。

她老公是做什麼的，怎麼她每天都在逛街購物？那個孩子跟致昊同齡的藝人原本住在漢南洞，但說想要讓孩子接觸大自然，所以搬到平昌洞去了耶。

那戶人家的地板連兒童地墊都沒有，看起來也沒什麼玩具，但孩子都不會吵鬧說好無聊嗎？

怎麼連旅行都那麼隨心所欲啊？大概是上輩子拯救了國家吧。那對情侶靠著四處旅行、把出去玩的照片上傳，荷包就賺飽了耶。

明明長得也不漂亮，真有福氣啊。

我一邊喃喃自語，一邊瀏覽ＩＧ，不禁開始羨慕、忌妒起他們華麗的人生。浪費時間和情緒在無止境的比較上，換來的是自己的不幸。

我的身體到現在都還在水腫，肚子也圓滾滾的。在育兒與工作之間兩頭燒，家裡不管怎麼清理都還是亂七八糟。這個月的預算再怎麼緊縮還是沒辦法去旅行。我看別人的老公都會很有 sense 地送太太橘色名牌禮盒耶。他們家那麼有錢喔？裝潢也太讚了吧。她去的都是很高級的地方耶，命真好喔。哎喲，她又買耳環了吧，因為價格太貴，我都只能看著流口水。

只有巴掌般大小、卻讓人目不轉睛的手機，能找到一百萬個令人生不幸的理由。因為眼睛盯著看手機太久，結果眼球變得好乾澀。我點了人工淚液，轉了轉眼球，以視線模糊的雙眼滑著ＩＧ，然後覺得自己好沒出息。

我現在是在做什麼？

有句話說，人生遠看是喜劇，近看是悲劇，可是我卻只站在遠處觀看，導致自己變得不幸，真是太Stupid了！

想到這裡，我立刻把ＩＧ的應用程式刪了。

如今少了窺探他人的樂趣，卻獲得了滿足於現狀的健康心態。

有洗過頭了，這樣可以了

「姊姊，妳還好嗎？」

二十六歲、擁有一頭長直髮的她，給了步伐蹣跚的我一個擁抱。讓人聞了有好心情的洗髮精香氣瞬間迎面而來，令人不禁陶醉其中，而我的內心也忍不住小鹿亂撞，難怪男人們會被女人的洗髮精香氣迷得神魂顛倒啊。

我紮得緊緊的頭髮是昨天洗的嗎？還是前天洗的？我試著摸索記憶，最後索性放棄了。

還是單身的時候，我也希望像她一樣隨時散發洗髮精香氣，所以刻意不將洗髮精沖乾淨。當時的我希望自己成為一邊說「我用了 Elastine」，一邊讓一頭秀髮飛揚的全智賢。他們會記得我是散發香氣的女人嗎？我沒有走進對方的腦袋看過，所以無法確知，倒是記得我因為沒把洗髮精沖乾淨導致不停掉髮的悲傷往事。

現在為了保護一根髮絲，別說是散發好聞香氣的洗髮精了，我只選用散發韓藥味的天然洗髮精，並且開始研究清水洗頭的相關資訊。平常忙著養小孩，才不管什麼香氣不香氣，只要能好好洗個頭就要謝天謝地了。

我曾經工作到昏天暗地，後來在洗手間的鏡子看到自己累得不成人形與一根根油膩的髮絲，覺得自己實在可憐極了。二十六歲時，曾經兩個月就要上美容院補染髮根、讓頭髮維持褐色的她，如今成了嫌上美容院麻煩，加上沒時間，所以偏好原來黑髮的大嬸。

自然就是美，很好，

是真的，哈哈哈。

還有，今天我已經洗過頭了，所以可以正大光明地把頭髮放下來了。

想吃的時候，就盡情大吃特吃

吃了又吃，肚子還是好餓。

早上吃了飯，轉身又吃了零食，中午則是吃了起司口味的炒年糕，但不過兩小時，肚子又覺得空虛了。我拿了附近教會分享給大家的煎餅，也一邊吃著買來的冰淇淋，一邊嘿嘿笑著說：「該去帶致昊回家了～」，接著想起一件事──

一星期後就是生理期了。

在荷爾蒙的作用下，女人的身體相當誠實，食慾從一週前就開始大增，身體有點水腫，心情也會比平時煩躁。因為一個月有十天會受到荷爾蒙的支配，所以對待孩子的態度也會隨著狀態而有些許不同。

看到致昊拿起餐桌上的杯子，故意把水潑灑在地上，我失去了自制力，忍不住發起脾氣。

「我為什麼會這樣。對孩子發脾氣有什麼好處……」

我責怪自己，並抱了抱孩子。

大概是因為說要減肥，沒有吃晚餐，才會變得這麼敏感吧。想吃東西時，就盡情吃吧。

特別是受到荷爾蒙支配時，更要遵守這一項。

因為唯有我感到平心靜氣，周圍也才會跟著和平。

作為紀念日，就再去買冰淇淋吃吧，

反正減肥本來就都是從明天開始的。

打破小小的禁忌

娘家的父母相當保守，當女兒們都超過二十歲的時候，他們卻把門禁時間訂為晚上九點，而且不厭其煩地強調穿著打扮、言行舉止、生活方式等日常禮儀。儘管這些規矩也帶來許多好處，但有時也會在女兒的心中種下叛逆的種子。

包括女人不能抽菸、女人不能喝酒、女人一旦失去貞操就完了、不能太晚回家、也不能穿太短的衣服，還有在男人面前要時時保持矜持等。

感覺就像女生宿舍一樣，有一大堆不能做的事。雖然大部分我都乖乖照辦了，但有些事情卻會基於反抗心理，故意在背後偷偷做。像是我會把比較短的衣服收放在書包，再跑進捷運的洗手間換上，並從做出被禁止的行為之中獲得快感。

婚後最大的好處，就是生活方式不再受到控管，所以一結婚我就瘋狂買了迷你裙和熱褲，衣服主要也是穿螢光色、鉚釘、骷髏頭等過去不能穿的樣式和圖案。可能是因為這樣，看結婚初期的照片，都覺得那時的穿衣風格特別華麗。

受到無論去哪都不能失態的隱形束縛，所以從來沒有喝到不省人事，或者因為喝醉而醜態百出的我，倒是在生完小孩之後開始喝酒了。

如果隔天要有力氣照顧小孩，就得至少先瞇個幾小時才行，可是腦中的思緒卻接二連三地冒出來。睡不著覺的我，於是拿出料理用的燒酒一杯、兩杯地喝了起來，同時體會到在酒精的驅使下那種輕飄飄的感覺，也明白了在酒席上一來一往、喧嘩吵鬧的對話，有時要比神智清醒時的真摯對話來得深刻。

試著打破束縛自己的小小禁忌吧。
感受一下發現有別於昨日面貌的樂趣吧，
相較於老是以昨日的面貌生活，這樣比較不無聊。

和我並肩前行的人

「理想型？令我尊敬的人。」

婚前被問到我的理想型時，我的回答直到二十五歲為止，都是令我尊敬的人。說起老公，總忍不住會產生幻想，覺得對方要聰明、懂得體諒與包容，總之是要比我更好的人。婚後我領悟到的是，即便是與令我尊敬的人生活，他看起來也不過就是個「男人」。

觀察好友們的婚姻，我發現就算再聰明的男人，在家庭中展現的樣子多半都差不多。後來我修正自己的心態，與其尋找令自己尊敬的男人，不如找能互相依靠的男人，於是發現要找老公變得簡單許多。

我希望老公不要像我爸爸一樣嚴格，能尊重我身為作家的工作，最重要的是不要背負傳統丈夫的形象。

在這種多元主義的時代，電視連續劇至今仍不停地替觀眾洗腦，灌輸性別刻板印象。前途看好、聰慧的女人婚後和婆家的家人同住，女人打扮得漂漂亮亮的，優雅地從下班的丈夫手中接過西裝外套，替他準備晚餐。每次看到這樣的畫面，心中就不免感到遺憾。

即便在現代社會中，女性的學歷水平、所得水準、職位等都大幅提升了，但為什麼「女人的幸福必須由丈夫來決定」的意識依舊沒有改變？儘管根據跟什麼樣的男人結婚，女人的婚姻生活與幸福程度也會有所不同，但那並不代表女人必須完全配合丈夫的生活、依賴丈夫。

我聽住在日本的朋友說，向來以為男人奉獻、服從男人聞名的日本女性，有許多會在晚年和丈夫分居或離婚。如果必須忍耐一輩子，直到年老才能和丈夫分開，那些年輕的歲月與情感不是太可惜了嗎？

我從來都不認為丈夫賺錢回家，妻子圍上圍裙做料理會是婚姻的全部。無論是丈夫或是妻子，我都覺得「賺錢的主體只有一個」的說法很奇怪。那個主體非得是誰也讓我感到奇怪。我認為在漫長的婚姻生活中，只有一方賺錢，另一方做家事的型態太不公平了。兩人共同賺錢、共同養育孩子、共同分擔家事，這才是我理想中的婚姻生活。

要是覺得累了，可以依靠彼此的肩膀，但如果是徹底傾向一方的關係並不理想，因為老是依賴對方的人會養成習慣，而出借肩膀的人也會感到窒息。

丈夫不是依靠的對象，而是互相分享日常，碰到問題時能合力解決，有開心的事時能一同歡笑的人；他不是在妳的前方或後方，而是在妳的身旁，以相同步調一起前行的人，不是嗎？

要是能這樣想，不是就能避免拘泥於角色框架，而是更自由自在地對待彼此了嗎？

自然就是好

隨著衛生棉的化學物質引起爭議，女性使用布衛生棉與月亮杯的心得一下子暴增，像是使用月亮杯之後，生理期時下腹部沉甸甸的症狀消失了，使用布衛生棉之後揮別了生理痛，經血結塊的現象也消失了，也有人是聽到身邊的人的使用經驗，基於「不然我也來用用看？」的好奇心而開始使用布衛生棉。

哇，經期都來二十年了，竟然現在才遇到布衛生棉！

過去下腹部痛得彷彿要脫落的症狀，是吸收經血的化學藥品所致嗎？

使用布衛生棉後，我沒有任何不舒服的感覺，順利地度過了生理期，也第一次知道經血不會散發味道。碰到經期第二天，我一定都會吃止痛藥，但使用布生棉之後，止痛藥再也派不上用場。儘管多了必須洗滌的麻煩程序，但只要度過這個清洗過程，身體就能在生理期時快活許多，這個事實令我感動不已。果然自然的最好啊。

自然而然地，我也把目光轉移到貼身衣物上頭。我在晾老公的衣服時，突然好奇四角內褲穿起來會有多舒適。說起內褲，我只想到尺寸要小、樣式要漂亮性感，卻從來沒考慮到它是否穿起來舒適。我認為貼身衣物就是時尚的第一步，如果外衣穿著打扮很悠閒，裡面我反而會穿性感風的內衣褲，穿著打扮性感時則相反，我會穿上休閒風的內衣褲。

以往我很愛穿有蕾絲的內衣褲，到後來有了小孩，看到孕婦專用的內衣褲後大受衝擊。我看著尺寸很大件、樣式又俗氣的孕婦內衣褲，心想著：「我這麼快就要穿阿嬤的內衣褲了嗎？」硬是將水腫的身體塞進小小的內褲。

生完小孩之後，我為再次恢復以前的內衣褲尺寸喝采，完全沒考慮到身體穿起來會不舒服，直到感受到布衛生棉使身體更健康、舒爽，這才開始思考，不貼身的內衣褲穿起來也會比較舒適吧？

不過，市面上有不貼身的女性專用四角褲嗎？我立刻跑去內衣專賣店去看，但發現沒有鬆鬆垮垮的四角褲，最後買了小尺寸的男性專用平角內褲回來，丟進洗衣機清洗。我取出烘乾機的內褲後試穿了一下，頓時遇見了新世界——完全沒有被勒住的感覺，所以也不需要感到扭捏。

該說是一種舒適的自然狀態嗎？
身體自動進入慵懶模式，心靈也感到優游自在。

過去挑選貼身衣物時，相較於讓身體穿起來舒適的機能，我會把重點放在能凸顯身材曲線的機能。我只把心思放在用堅硬的鋼圈把胸部往上提，再用厚厚的襯墊創造出乳溝，使整個胸部線條看起來很美。明明是身體第一層接觸的衣服，我卻把重點放在要讓衣服穿起來更好看，而不是考量到身體的舒適度。這一次，我打算穿無鋼圈的胸罩，仔細傾聽身體想要什麼。

「太貼身的內衣褲穿起來很不舒服。勒緊的鋼圈讓我難以呼吸，至少在家裡讓我解放吧。」

假如就連只有自己看到的內衣，都是為了「讓別人覺得好看」才穿，那麼究竟有什麼是能為自己做的？

我重新檢視腰部尺寸很寬、看起來很可怕的孕婦專用內褲。這件既不會勒住凸出的腹部，同時具有保護作用的內褲有多美啊？

我們不是應該給予身體自由，讓它能維持最舒適的狀態嗎？擺脫束縛身體的心情之後，視野也跟者寬容起來。唯有身體自由了，精神上也才能跟著自由。儘管偶爾想穿上性感漂亮的貼身衣物時，盡情展現魅力也無妨。

說說你的故事

剛談戀愛時，戀人們會用眼神說話，
當眼神有了交會，內心便會心跳加速。
進入倦怠期的戀人們，不會有眼神交會，
即便身處相同空間，兩顆心的距離卻很遙遠。

對愛情初綻放的戀人們來說，每句話都是珍貴的，
這是因為注意力都集中在對方身上。
戀人們會透過對話，探索對方過去的歷史，
想像著那些沒能一起走過的時光，同時給予共鳴。

因為關心對方，所以能專汴於對話上；
因為愛著對方，所以想訴說關於我的一切。

在人類擁有的各種優異能力中，「對話」不就是其一嗎？因為言語、聲音、眼神和表情，能夠形成各種共鳴帶。

K說，自己過去因為沒有和交往對象分享內心的傷痛，所以沒辦法建立深刻的關係。K希望自己只呈現出明亮的一面，對方卻想要分享彼此深沉的傷痛，最後兩人分道揚鑣，隔了好幾年，K才再次踏入感情。

「非得把痛苦說出來嗎？就不能藏起來？」

是啊，難道就非得把痛苦說出來、跟對方分享，兩人的關係才能變得深切嗎？難道不能就只呈現我想呈現的，也只維繫這種程度的關係嗎？

仔細想想，要把我的故事說給某個人聽真的好難。不僅會害怕對方是否準備好要傾聽，也會害怕對方聽完之後會不會用異樣眼神看我。因為會先嚇自己，與其兩人的關係因此疏遠，倒不如別說比較好，所以養成了不說內心話的習慣。

「我們家寶貝今天早上這樣講，不覺得太可愛了嗎？」
「我幫兒子和女兒買了衣服，很漂亮吧？」
「我們家小孩最近……」

是因為生完小孩之後，就覺得自己遇見一輩子不需要擔心分手的戀人嗎？結婚生子的好友們開口閉口都是小孩。無論是傳訊息、講電話或見面，好像媽媽不講小孩的事就等於違法似的，大家拚命講個不停。我聽得很認真，覺得自己好像也得講點小孩的事，但附和個幾句之後就感到乏味了。

大部分時間就都已經跟小孩窩在一起了，難得可以見到朋友，居然在這又要講小孩的事……早知如此，我還不如把難得的放風時間拿去逛書店，或者乾脆留在家裡抱抱致旲，和致旲親暱地對視，磨蹭他粉嫩的臉頰。

「所以妳最近怎麼樣？之前不是說想重返職場，覺得很難復職嗎？」

一直聽朋友說小孩的事，聽到我都煩了，於是漫不經心地問了一句，這時朋友才如水庫洩洪般說起自己的事。

啊，原來妳不是只會講孩子的事，
而是因為少了問妳的事的人啊。

生完小孩之後，不習慣「談論自己」的媽媽們會對彼此初次迎接的世界形成共鳴帶，於是很熱切地分享小孩的一切。因為每件事都是初體驗，所以大家會分享育兒時感到新奇、詫異與辛苦之處，也在無形中習慣了只說孩子的事。

無論是主動詢問、傾聽妳的心聲，或是訴說我的心聲，都需要練習。

我們雖然是孩子的母親，但同時也依然是自己。下次見面時，別說孩子的事，說說妳的事，好嗎？

擺脫象徵性的歸屬

每次看到沉甸甸的婚戒，我就會心生懊悔，當初怎麼會鬼迷心竅，買了這麼昂貴的名牌戒指？倒不如再拿這筆錢去一趟旅行……原本基於義務戴了幾年的婚戒，但懷孕期間手指水腫，也就很自然地取下來。

感覺就像擺脫了名為婚姻的沉重枷鎖，整個人也跟著輕鬆了一些。每次看到婚戒時，「我是已婚女性」的束縛與責任感，逼得我必須將所有心力放在被賦予的角色上。

生完小孩後，我開始去找自己喜歡的漂亮戒指來戴，有時甚至連戒指都不戴。

手指上沒有被任何東西套住的輕鬆感真好。即便戴著戒指出門去，但因為敲鍵盤時很礙手礙腳，所以我經常會先取下，之後再戴上，但現在少了這種麻煩，感覺真好。

不戴戒指的我，
很輕盈，
很不錯。

雙手握滿欲望，什麼也無法擁有

致昊一手拿著叉子，另一手拿著玩具，但飯吃到一半卻突然跑走，又想拿玩具挖土機。雙手都已經拿了東西的致昊，不肯放下其中一個，卻還想再拿別的玩具，不知該怎麼辦的他開始嗚咽，最後直接放聲大哭。

「致昊，你要先放下手上的東西，才能再拿別的呀。如果兩手已經抓著某樣東西，就沒辦法擁有新的東西。」

不知道是不是聽懂了，致昊很快就放下了原本拿在手上的玩具。

「致昊，你吃飽了的話，就請把叉子給媽媽。」

聽到我說要叉子，孩子的眼神閃閃發亮，開心地把玩具挖土機拖到我面前，同時露出世界上最惹人憐愛、彷彿訴說「我做得很棒吧？」的表情。

對耶，平常我們確實是把玩具挖土機稱為叉子……

也對，我不也經常在欲望的驅使下，使用雙手還不夠，甚至動員雙腳也想緊緊抓住，每次都搞得自己手忙腳亂嗎？

手中抓著的各種欲望，趁現在練習放掉一個吧。

這樣才能以重獲自由的手再次抓住什麼。

第六章

帶著自己，長久幸福生活

陌生人效果

先前我在寫書的時候，同時也在授課、學畫畫、插花、讀研究所、上英語補習班、參加各種聚會……但現在無處消耗滿滿的精力，導致變得神經兮兮，只要致昊有一丁點的變化，就會出現敏感的反應。

「婷恩，如果妳一起參加，應該能獲得許多靈感。」

就在我迫切需要有喘息空間時，研究所的前輩建議我參加「陌生大學」。「陌生大學」是基於「我所看到的這個世界果真是全部嗎？」的求知渴望而開始的聚會，成員包括從三十三到四十五歲從事各種職業的人。若以那個年紀來說，大家都已經在各自的領域累積某種程度的專業性，因此必要時可以交換各種專業知識，也可以攜手合作。顧問、設計師、行銷人員、開發人員、伽倻琴演奏家、作家、歌手、攝影師、稅務師、建築師、會計師、手工藝專家、企劃、演員、配音員、導演、出版人員、電影人等，這些人每週聚會一次，由兩名成員各花四十分鐘自由分享人生故事。因為大家都不是專業演講者，所以有時會顯得生疏，形式也很自由，但聽完各自飽含真心的故事之後，可以互相分享想法，拓展彼此的視野。

作家這個職業很容易離群索居。因為大部分時間都是獨自工作，所以會有無謂的龜毛與固執之處，也可能是這樣，大部分的作家都很敏感，具有如「瘋子」一般氣質的人也不在少數。平時接收到的資訊也很受限。因為沒有人干涉，所以只會接收自己想要的資訊，閱讀自己想讀的文章，只見原本就認識的人，過著如倉鼠輪般不停轉動的生活。

其實不只是作家，包括職場人士或家庭主婦，只要過了三十歲，大家就都只見認識的人，說著老調重彈的話題，過著日復一日的生活。

在毫無新意的乏味日常中，我聽著擁有其他職業的人口述的隨筆，透過他們遇見了全新的世界。

透過彼此沒有利害關係的人，互相分享愉快的經驗，談論過往的人生故事，我吸收了他們身上所散發的活力，曾經被人傷害而畏縮不前的心獲得治癒，我也學習到在人群之間活下去的方法。

透過和一群陌生人相處一年所獲得的活力，讓我決定執行長久以來基於恐懼與決定障礙而遲疑不決的計畫。原本一再猶豫的事，我也決定先做做看。

如果做到一半覺得不是我要的，不做就行了。

畢竟在猶豫該不該開始的時候，

時間也分秒不差地在前進。

跳舞也好，製作陶器或烤麵包也好，運動也好，學習完全不同領域的知識也很好。

當你厭倦了猶如倉鼠輪轉動般的人生，體內的內涵與能量枯竭時，就去參加能與初次見面的人分享有益談話的陌生聚會吧。接收那些用一輩子學習的人所傳遞的活力，你會發現自己就算不去做醫美，臉上也能光采動人。一群良善的人所帶來的正面能量，能使人生更加豐饒、活力四射。

傾聽身體的聲音

我從去年開始實踐「健康生活」與「察覺身體反應」，做法之一是調節飲食，而最近在吃的生蘿蔔就讓我感到心靈很平靜。

閱讀蓮水Kanon女士所寫的《生蘿蔔減重法》之後，我開始每天吃一公分的生蘿蔔，減掉了產後最後殘留的水腫。生蘿蔔似乎有助於排毒和幫助消化。

因為想活得輕鬆一點，所以改變了飲食習慣。過去我熱愛肉食的程度，甚至早上一睜開眼睛就想烤肉來吃，而且三天兩頭就吃辣炒年糕、炸雞、披薩、麵包等麵食與調理即食品。我沉迷於又辣又甜又鹹的食物，雖然嘴巴吃的時候很幸福，但吃完總是消化不良且下半身水腫。

每當我去給人按摩時，大家都會被我那比上半身更壯碩的下半身嚇到，並且說：「這是身體水腫造成的。」當時我還以為那是一種引誘我購買會員券的話術，但等到我減少攝取又辣又甜又鹹的食物，把水腫的部分消除之後，我才知道那是真的。如今我喜歡魚類勝過其他肉類，而比起有醬料的魚料理，我更喜歡單純烤過的口味。相較於以辣椒醬、辣椒粉和鹽巴為基底的調味，我主要是採取在醬油內加水、口味清淡的日式飲食與生食蔬菜。

不過，畢竟偶爾還是會想吃點以前喜歡的食物，所以我都趁大家聚會時吃辣味重鹹與油膩的食物。我深信和這些開心的人一起吃飯時，即便是對身體不怎麼健康的食物，也能轉換成好的能量，因此吃得津津有味。

要是覺得有幾天暴飲暴食，我就會不放任何調味，將雞胸肉、櫛瓜、洋蔥、甜椒、鳳梨、雜糧飯和椰子油一起炒，然後只吃兩百公克。因為懶得分成多次炒，我會一次炒出十個保鮮盒左右的份量，再把它們冷凍起來。

我讓自己維持適當的體重，也努力讓腦中帶著愉快的念頭。如果遇到不高興的事就在當天化解，因為累積多時的情緒會成為毒素，讓身體生病。儘管明白不要心生怨恨、理解和寬恕是最好的，但要大發善心地寬恕傷害我的人，目前我還太過年輕，心胸也過於狹隘。

開始傾聽身體的聲音之後，我感覺到體內毒素排出，身體循環變好了。過去我一天會讀十本書，連著幾個小時坐在椅子上工作，還有許多時候會翹腳和盤腿。當我意識到身體因此變得不對稱，循環變差，長期全身痠痛之後，現在我再也不翹腳了。

當身體感覺很悶的時候，我會讓自己充分走路、去按摩和做半身浴。我也減少攝取那些吃完之後隔天會讓胃腸受折磨、必須經常跑廁所，以及必須大量喝水的食物。因為進食時留意身體的反應，因此變健康了，氣色也變好了。食物引起的皮膚狀況減少後，每次照鏡子時心情都很愉悅。除了飲食療法之外，也要持續練習聆聽內在的聲音與情緒才行。

為了帶領自己長久幸福地生活，還有什麼事比關心自己的身心反應更重要的呢？

你真美呀

「哎呀，妳今天好美喔。」
「別這樣說，我哪裡美了。」

看到認識的人和平日不同，打扮得格外亮眼，於是我帶著真心稱讚對方很漂亮，可是對方卻很驚慌地搖手，讓我感到很訝異。為什麼要對被稱讚很美的自己這麼吝嗇呢？那個人不只是笑著搖手而已，甚至還露出自己不該聽到這種稱讚的表情。

韓國人認為，如同成熟的稻穗懂得彎腰，人也應該保持謙遜的態度，不能過度彰顯自己，而這種價值觀也導致人在受到稱讚時，無法開心地接受讚美。

「今天絲巾的顏色好美耶。」
「謝謝，妳的襯衫也很優雅，看來是有什麼好事喔。」

高興地接受讚美之詞，互相給予稱讚，露出笑容後，大腦就會分泌腦內啡，彼此之間的氣氛也會變得柔和。

被稱讚時，就愉快地接受吧，
自尊感也會悄悄地提升，
畢竟過度的謙遜已經不再是美德了。

把日常過得像旅行

我成為自由工作者已有十年，放棄了穩定月薪，選擇了不穩定的自由。早上醒來時，我會帶著筆電移動到我想去的地方。只要有筆電，那個地方就成了我的工作室。

梅花盛開的春日，我曾跑到智異山上，在花朵覆滿枝椏的梅花樹下鋪上涼蓆，一邊啜飲馬格利酒，一邊寫文章。我曾坐在漢江岸邊，在運動的人群旁邊寫作，也曾在三成洞或汝矣島等繁忙市中心的咖啡廳寫作。

我最喜歡的地方是能眺望大海的露天咖啡廳，所以簽下出版合約的那一刻，我就開始預訂機票了。我的目的地主要是濟州的海邊。我會在機票上的日期到來之前完成初稿，接著列印出來，帶著一堆稿子去旅行，然後面對著大海進行潤稿作業。直到讀完從筆電移到紙張上的每個文字之後，我就會到海邊去散步。

如果是去外縣市授課，我就會刻意安排屬於自己的時間。去年我就在俗離山前的進修中心上了好幾次課。碰到下午與上午的課程中間空了三小時之久的日子，總覺得讓時間白白流逝太可惜了，於是我跑到樹齡有數百年的古木附近，在戶外平床上鋪了涼蓆，躺下來享受迎面吹來的山風、睡個午覺、聽聽音樂。我會帶著書到咖啡廳去，早上也會提前抵達，到鄰近小型小學溜達。獨自走在鄉間小路，看著炊飯的煙氣從綠色鐵皮屋頂裊裊升起，就會再度為自己還能工作的這一天、為能活著迎接的早晨心生感動。

碰到不必到外縣市授課，但稿約特別多的時候，我就會換一家咖啡廳。假如工作累了，我就在那一帶走走，把自己當成社區居民在市場買菜，然後雙手提著滿滿的食材回家，開始做料理。我會把從解放村買回來的番茄做成沙拉來吃，以在水源市場買回來的豆腐煮大醬湯，腳上穿著從望遠市場買的襪子。就像我在義大利時會去買菜回來煮食，假如能把日常小旅行買回來的食材做成料理吃，就能把日常生活與旅行結合起來了。我希望自己能像旅行時那樣以陌生的視角看待日常，避免自己變得習慣與麻木。

人與人的關係是越長久、越習慣，就越濃厚，
日常生活則是越長久、越習慣，就越讓人倦怠。

為了避免陷入倦怠，我會避開每天走的路，試著走沒走過的路，也會抬頭觀察隨時在變化的雲朵形狀，以及樹葉根據季節改變的樣貌。

每個季節，風的味道聞起來都不同，
泥土變乾、變濕潤的感覺也不同。
留心觀察樹木上花朵綻放與枯萎的風景，
因為每天都有千變萬化，所以每天都像是在旅行。

勤快地照顧身體

在我記憶中，媽媽一年有三百四十天都在生病。從我懂事以來，為了不讓長期與病魔對抗的媽媽更加辛苦，所以一般的事情我都會獨自解決，不會說出來。因為我們一說碰到困難，臥病在床的媽媽就會開始想像一百萬種負面的情境。我不願見到每天早上媽媽因為夜不成眠而浮腫的臉龐，慢慢地，我習慣了獨自解決問題，無論那有多痛苦。

如今看來，這使得我們幾個姊妹認為「獨自」解決是很理所當然的。

過去經營衣服工廠的父母總是很忙碌，所以大姊從五歲就必須獨自更換燒完的蜂窩煤。以前聽到的時候沒有什麼感覺，但想到五歲的致昊要更換蜂窩煤就覺得心驚膽跳。是因為姊姊格外聰慧，所以才辦得到嗎？

因為媽媽很忙，所以二姊手臂受了傷，也得一個人去急診室縫合，而七歲的我則是獨自去看牙醫，決定要用銀粉或樹脂填補蛀掉的臼齒。在無形之中培養出獨立性格的三姊妹，現在也都是職業婦女。

嫁給困苦人家的長男，擔負身為妻子與媳婦的重責，使得媽媽總是在生病，更因生不出兒子而加重了病情。媽媽曾怨嘆道，說自己直到生孩子的前一天都還在工作，而生完孩子的隔天又得回到崗位上。我始終無法感同身受她的苦，直到我自己也生了小孩。

剖腹生完致昊的隔天，護士說我得靠自己的力氣起身才恢復得快。因為接受緊急生產手術，我才剛從鬼門關走了一趟回來，到現在神智都還沒恢復，竟然要我憑自己的力氣起身。我咬著牙硬是撐起上半身，接著開口說出的第一句話，就是「ㄍ」音開頭的髒話。

生完小孩的隔天就上工，根本不是人幹的事。我的腦中閃過了媽媽的身體都已經累垮了，卻還得做飯、工作的人生。就是因為這樣，媽媽才會一輩子都在生病啊。媽媽一定非常孤單吧，因為沒人能體會她的心情。要是生三個孩子時，至少有一個月旁邊有人幫忙、讓媽媽好好坐月子，媽媽就不會一輩子都活在痛苦之中，也不必為了減輕病痛而四處看診了。

「因為身體病得太嚴重，聽周圍的人說，如果再生一個就會好轉，所以就生了妳。」

我想起媽媽對我說過的話。那人為什麼就不說：「再生完一個之後，在身體還很虛弱的狀態下，妳必須好好地把之前沒坐的月子補足了，虛弱多病的身子才會好轉」呢？生了小孩之後，不僅骨頭會疏鬆，肌肉也會變得鬆鬆垮垮，但聽說如果這時調理得當，身體就能變得更健康。可是媽媽聽到的，卻已經是掐頭去尾的說法。

產後的第二天，我想起一輩子都在病痛中生活的媽媽，想著我本來就體質虛弱，一定要坐好月子，然後在床上奮力爬起身。而就在這天，婆婆來到我的病房，把筆電遞給了老公。

「單人房很安靜，在這做文書處理正好呢。星期一之前要把提案交給我。」（婆婆和老公在同一間公司上班。）

一看到筆電，頓時淚珠在我眼眶裡打轉。因為早產的緣故，孩子必須待在保溫箱的事就已經讓我受到打擊了，加上懷孕期間身體元氣大傷，恢復得很慢，就連去上洗手間都有困難，可是婆婆卻在這樣的媳婦面前要兒子處理公司的事，當下我的心中真有說不出的孤單。

媽媽也是這種心情嗎？看著即便媳婦生了孩子，卻只因生的不是兒子，於是連孫女長什麼樣子都不看就回南部的婆婆，媽媽當時的心情是否就是這麼孤單呢？我的內心揚起了孤寂冰冷的風，而從隔天開始，為了讓老公能安心工作，我靠著自己的力量起身，竭力跨出步伐，從第二天就自己走到洗手間去了。

我在工作的老公身旁愣愣地望著天花板，告訴自己：

就算是結婚了，也沒人能守護我。

原來我必須守護我自己，

現在還得守護孩子了啊。

大概我連向誰發牢騷的時間都不被允許吧。

我希望自己能終生寫作，但少了健康就做不到，所以必須顧好自己的健康。媽媽就是因為沒有好好坐月子，所以才會一輩子生病。我下定決心要做好產後調理，出院之後也很努力讓自己的狀態恢復、做好健康管理。

雖然我平時的體力很差，但這次倒是恢復得很快，如今我會花心思在有益身體健康的食物、運動、環境和冥想上。因為我知道看著媽媽一輩子生病的孩子是什麼樣的心情，知道丈夫一旦習慣妻子生病之後，就會對她不聞不問。守護健康才是幸福的關鍵，要是生病了，吃虧的就只有我。

將自己露出美麗笑顏的照片，留在手機中吧

我完全沒想過，在我的人生中，會有體重達到七十公斤的一天，但更令我受到衝擊的，是生完小孩之後也只減了兩公斤——原來剩下的都是我身上的肉啊。

聽別人說，去住坐月子中心後，整個人都瘦了下來，所以我懷著很大的期待，可是這裡的三餐也太美味了吧，我不僅吃個精光，甚至還分別人的來吃，所以體重計上的刻度一點都沒有往下掉。我看那些藝人生產完後一個月內就會恢復過往的身材，還拍了很多美照耶⋯⋯藝人果然跟我是不同種族吧？因為不想看到自己胖嘟嘟的樣子，我很少照鏡子，

也不常拍照，加上沒有適合的衣服，逛街購物再也無法為我帶來樂趣。取而代之的，是我開始瘋狂地替一個閃閃發光的可愛生命體拍照。我買衣服給不管穿什麼都很可愛的致昊穿，就像在玩洋娃娃遊戲般，從中獲得替代性滿足。

「作家大人，請將作者欄位要用的照片傳給我。」

應出版社的要求，我在手機的相簿中挑選能當成個人檔案照的照片，可是翻了好久，卻只有不見盡頭的致昊照片。孩子就像豆芽似的長得很快，每天都有新的變化。因為不想錯過孩子可愛的模樣，所以我把每一瞬間都記錄下來，最後相簿中全都是致昊的照片。還以為自己不會變成這樣呢……SNS上孩子的照片多到滿出來，KakaoTalk的個人檔案照也是放致昊的照片，手機相簿的主角也是致昊。

我從那天開始拍自己的照片，就算整張臉腫得像豬頭，這也終究是我。拍照的同時，我也開始減重。我戒掉了哄孩子睡著之後經常吃的宵夜和啤酒，開始調整飲食，拭去無數淚水辛苦下來的成果，我減掉了二十一公斤，恢復到婚前的體重。

如今我和孩子的照片共存在手機內。因為APP的技術進步了，隨便拍也能拍出好看的照片，走失多時的自信感也跟著慢慢恢復。我一邊享受著能再度穿上生產前的衣服的快感，同時為了維持減重後輕盈許多的體態，於是穿上運動鞋，外出步行去了。

現在的我，能感受到這種細微的變化，非常值得嘉許，給自己一個大拇哥！

喜歡三十歲以後的自己

為了矯正走樣的身材、恢復體態，我決定去上一對一瑜珈課。相較於進入團體班，跟著大家做相同的姿勢，我更希望仔細地學習適合我身體的動作。

「比起二十幾歲的自己，我更喜歡三十歲後段班的今天。」

和從二十出頭就認識的朋友聊今年計畫時，我們都坦白地說很喜歡今天的自己。儘管二十幾歲的時候非常年輕耀眼，但當時的我總是惶惶不安，就算看到自己想達成的目標，也不知道該如何實行，只會心急地來回踱步、坐立難安，每天都被莫名的不安感籠罩。

邁入三十歲後，我總算能安心了，因為終於得以擺脫很早就踏入社會，別人總是因為年輕而無視我的年紀情結。過了三十歲後，只要有人問起我的年紀，我就會抬頭挺胸地說：「我過三十歲了。」並感受到一股喜悅，因為我再也不必聽別人說：「二十幾歲的人懂什麼？」

有別於因為被說不懂、不會而感到自尊心受傷，所以想盡辦法也要搞懂的二十幾歲，我喜歡因為自己不懂、不會，所以想學習的三十幾歲。

並不是因為被劃傷的傷口比較不痛了，
而是知道時間久了，傷口就會癒合，
所以喜歡盡量不在那個狀態上滯留太久的今天。

我喜歡可以流淚，但不會只沉浸於悲傷的今天；

喜歡只要有綻放笑容的機會，就會開懷大笑的今天。

「哈哈哈。」我在致昊面前大笑三聲，致昊也用世界上最開朗的笑容發出「哈哈哈」三聲，跟著我一起笑。我喜歡磨蹭孩子粉嫩的肌膚、一起歡笑的今天。

我喜歡能找出一些新穎、陌生的事情來嘗試的今天，喜歡不只是去承受熟悉乏味，而是懂得接受令人不安的挑戰，為人生注入活力的今天。

就算重返二十幾歲，也只會如無頭蒼蠅般亂飛，因此我還是喜歡身為三十幾歲，下定決心要把今天過得盡興的自己。

即便授課近十年，至今我仍會突然感到緊張不安與害怕，但我很喜歡現在懂得自我安慰的自己，喜歡雖然臉上增添了皺紋，卻多了許多歷練的這個年紀。

還有，我也會喜歡上往後要活下去的日子，因為四十歲的我和五十歲的我，依然會充實地度過每一個活著的瞬間，因為那是幸福地度過今日的我，即將迎接的明日。

自己的人生，按自己的節奏來，沒關係

「我們決定不再生了。」

「不過生了老二之後，想法就會改變吧。畢竟孩子是越養越覺得可愛嘛。」

「我本來就不喜歡小孩，生完致昊之後，我也只疼他一個，所以沒關係。」

「哎呀，生了老二之後，搞不好覺得小的更可愛呢。孩子總會長大的，趁早再拚一下吧。」

「話雖如此，但生了小孩後，我就不能工作了。我覺得工作時很幸

福。」

「這樣老大不是太孤單了嗎？以後孤零零一個人，太可憐了。」

「孤單是人類的本性吧。我有兩個姊姊，但我也覺得很孤單。」

「哎呀，不過還是要有個女兒才好嘛。」

「哈哈，我喜歡兒子。不管是兒子或女兒，我喜歡的是致昊。」

「第一胎是兒子，第二胎就要生女兒啊。女人老了之後，女兒才是最可靠的，趕緊生個女兒吧。」

「我差點因為生小孩死掉，所以對懷孕跟生產有心理陰影。哈哈，不用了。」

「生第一胎很辛苦的，生第二胎時都會很順，而且兩個寶寶可以一起玩，照顧起來也輕鬆啊。」

「其實娘家和婆家都沒辦法幫我們帶小孩。我們兩人都要帶小孩，生第二胎太累了。」

「孩子出生之後，總有一天都會長大的，再怎麼說還是要生兩個。」

這是一段看不見盡頭、繞著原地打轉的對話。照這程度來看那根本不是對話，而是種暴力。都已經聲明我們選擇不再生小孩了，還是不斷逼我們生的那位大嬸，是個我不認識的人，而且還是我、第、一、次、見、到、的、人。

有趣的是，無論是初次見面或是熟人，他們全像是被內建了「家庭成員最少要有四個」訊息的機器人，只要講到小孩的話題，就會想逼我們生第二胎。

生養小孩確實是件令人開心的事，但為了擁有這份喜悅，要耗費非常驚人的力氣、犧牲與奉獻。「只要像現在一樣工作，再找個幫忙的阿姨就行啦。」我也曾經想得很簡單，但自己生完小孩後，發現最困難的事就是「找幫忙的阿姨」。明明是在我家、花我的錢、照顧的是我的小孩，但我卻要擔心阿姨會傷害小孩而憂心忡忡。就算有幫忙的阿姨，育兒和家事也依舊是我要負責，老公還會因為有請阿姨而疏忽育兒和家事。

我在生小孩前真的不知道原來孩子無法長時間一個人待著，需要一直有人照顧。為了避免年老時會感到孤單，所以生下第二胎女兒的朋友們，全都口徑一致地說撫養敏感細膩的女兒有多困難。大家又沒有要幫我養小孩，也沒有要提供養育費，到底為什麼要干涉別人深思熟慮所下的結論啊？

「帶孩子出門時，會在捷運上碰到愛管閒事的奶奶們，叫我們生第二胎，所以現在只要問有沒有生第二個，我都說孩子在家裡。」

聽到好友說自己一直被那些奶奶質問生育問題，最後不得不說謊的遭遇後，我忍不住笑出來，心裡卻莫名感到苦澀。

「我無法理解有人認為唯有生產才能報國的邏輯。」

對於已經決定不生小孩享受著兩人世界，也過得很幸福的夫妻，大家卻很愛插嘴，問你哪裡有問題、要不要趁年輕時嘗試試管嬰兒，不然就是說等年紀大了會後悔。已經受夠這種干涉的好友，表示自己無法理解這些咄咄逼人，彷彿不生小孩就是沒盡到社會道義責任的人。

「我試過一次，但婚姻好像不適合我。我要一個人生活。」

好友戀愛長跑十年，原本以為對彼此瞭若指掌，但結婚不到兩個月就離婚了。她說婚姻這種制度讓人退避三舍，但大家卻說她太草率，怎麼不再努力一下，還七嘴八舌地表示換個對象就會不一樣，時間久了就會改變想法，逼著她再婚。

「我決定要當不婚主義者。我一個人過得太久，沒信心能和他人共享生活。」

好友因為沒有遇見愛到足以令自己放棄自由的人，宣告要一個人生活，旁邊的人卻提出結婚後才能成長為大人、結婚之後想法會改變、年老時會很孤單……等理由，慫恿她結婚。

「妳一邊工作一邊帶小孩？一定很辛苦。孩子還是媽媽養最好。」

「妳都只在家裡帶小孩？現在孩子也大了，要去賺錢才對嘛，怎麼能整天在家無所事事？」

無論要過什麼樣的人生，人們的多管閒事都是個問題。這些人七嘴八舌，不懂得在一旁默默支持別人就好的道理。這世界上還有比韓國人更喜歡干涉他人選擇的嗎？

為了按自己想要的方式過生活，我們所需要的，是在聽到無法為我們的人生負責的他人無禮說話時，既不要因而受傷，也不會被動搖的堅定態度。

不單是結婚或小孩的問題，只要提出我們想做什麼時，幾乎沒有百分之百受到支持、獲得共鳴的情況。後來，我碰到大家都說不行時，就會有點竊喜，因為聽到這些認定事情不會成功，什麼都不試只會小家子氣地靠一張嘴過活的人說的話後，我就會像故意唱反調的青蛙般，執意做著自己想做的事。

按自己想要的方式過生活，沒關係。

無論是什麼樣的人生，選擇最符合自己風格的方式幸福地生活，沒關係。因為你的人生就只有一次；因為當你睜開眼睛時看到的今天，可能明天不會再次到來；我們活著的「今天」就是最特別的禮物。帶著感謝、寬恕、理解的心情去愛原原本本的自己，試著隨心所欲地活著吧。

你完全有資格這麼做，
因為你就是你。

Essential YY0936

自己的人生，按自己的節奏來，沒關係

——致那些費盡心思爲他人活，卻迷失自己的人。

하고 싶은 대로 살아도 괜찮아

作　　者　尹婷恩（윤정은）
譯　　者　簡郁璇
封面繪圖　磨設마설（ma seol）
封面設計　呂瑋嘉
主　　編　詹修蘋
行銷企劃　黃蕾玲、陳彥廷
版權負責　陳柏昌、李家騏
副總編輯　梁心愉

發行人　葉美瑤
出版　新經典圖文傳播有限公司
地址　臺北市中正區重慶南路一段五七號一一樓之四
電話　02-2331-1830　　傳真　02-2331-1831
讀者服務信箱　thinkingdomtw@gmail.com

總經銷　高寶書版集團
地址　臺北市內湖區洲子街八八號三樓
電話　02-2799-2788　傳真　02-2799-0909
海外總經銷　時報文化出版企業股份有限公司
地址　桃園市龜山區萬壽路二段三五一號
電話　02-2306-6842　傳真　02-2304-9301

初版一刷　二〇二三年八月七日
定　　價　新台幣 320 元

國家圖書館出版品預行編目（CIP）資料

自己的人生，按自己的節奏來，沒關係：致那些費盡心思為他人活，卻迷失自己的人 / 尹婷恩著. -- 初版. -- 臺北市：新經典圖文傳播有限公司, 2023.08
224 面；13×19 公分.（Essential；YY0936）
譯自：하고 싶은 대로 살아도 괜찮아
ISBN 978-626-7061-77-0（平裝）
1.CST: 自我實現 2.CST: 女性
177.2　　112009280